Suhrkamp BasisBiographie 28 **Franz Kafka**

W0069221

Leben Werk Wirkung

Andreas B. Kilcher, 1963 in Basel geboren, von 2004 bis 2008 Professor für Neuere deutsche Literatur an der Universität Tübingen, seit 2008 Professor für Literatur- und Kulturwissenschaft an der ETH Zürich. Einer seiner Arbeitsschwerpunkte ist die deutsch-jüdische Literatur- und Kulturgeschichte, wozu er zahlreiche Bücher und Aufsätze veröffentlichte, darunter das *Lexikon der deutsch-jüdischen Literatur* (suhrkamp taschenbuch 3529) und, als Herausgeber, die Else Lasker-Schüler-Briefausgabe (Jüdischer Verlag im Suhrkamp Verlag 2008). Sein besonderes Forschungsinteresse gilt dabei auch Franz Kafka.

Franz Kafka

Suhrkamp BasisBiographie
von Andreas B. Kilcher

Für Constantin K.

Suhrkamp BasisBiographie 28 Erste Auflage 2008 Originalausgabe
© Suhrkamp Verlag Frankfurt am Main 2008
Druck: Kösel, Krugzell · Printed in Germany
Umschlag: Hermann Michels und Regina Göllner
ISBN 978-3-518-18228-4
Die Schreibweise entspricht den Regeln der neuen Rechtschreibung, Zitate
wurden in ihrer ursprünglichen Schreibweise belassen.

1 2 3 4 5 6 − 13 12 11 10 09 08

Inhalt

Kafkas Schreibtisch

Der Schreibtisch ist Kafka ein elementarer Ort. Das könnte trivial sein, wäre er bloßes Mittel zum Zweck eines wie auch immer gewöhnlichen Schreibens. Gerade *dies* ist der Schreibtisch bei Kafka aber nicht, sondern in zweifacher Funktion ungleich viel mehr: als Büro und als Literaturwerkstatt. 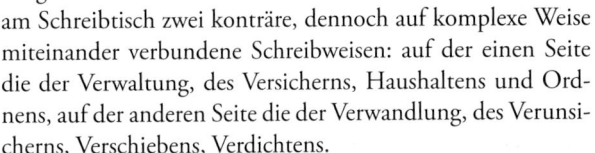 Der Versicherungsbeamte und Schriftsteller Kafka verbindet am Schreibtisch zwei konträre, dennoch auf komplexe Weise miteinander verbundene Schreibweisen: auf der einen Seite die der Verwaltung, des Versicherns, Haushaltens und Ordnens, auf der anderen Seite die der Verwandlung, des Verunsicherns, Verschiebens, Verdichtens.

Wer Kafka verstehen will, muss sich mit diesen beiden Schreibweisen des Büros und der Literatur vertraut machen. Das lässt sich mit Kafka selbst tun, der die Art und den Ort seines Schreibens vielfach thematisiert. Und er tut dies weniger abstrakt, sondern sehr konkret und dingnah: in einer Art Phänomenologie des Schreibtisches, tatsächlich ein häufiger und perspektivenreicher Gegenstand seiner Texte. Die Vorstellung eines verwaltenden Büroschreibtisches etwa entwickelt Kafka in seinem ersten Romanfragment *Der Verschollene* (1912 / 13). Der mechanische Schreibtisch, den der junge Amerikaauswanderer Karl Roßmann von seinem Onkel erhält, ist eine hochkomplexe, ebenso raffinierte wie diffizile und fragile »Maschinerie«, die perfektionierte Verwaltungstechnik und damit höchste Ordnungsmacht in Aussicht stellt (V, S. 57). Im Gerichtsapparat des *Process*- sowie im Administrationsapparat des *Schloß*-Romans wird sie Kafka später zu unheimlichen Gefügen einer Moderne ausweiten, in der Verwaltung zugleich totalisiert und sinnentleert ist und dergestalt in einen unvorgreiflichen Ordnungsmythos zurückfällt.

Der Übergang von Gesetz zu Literatur, von Formation zu Transformation ist schon in dieser unheimlichen Totalisierung und Remythisierung des Büros angedeutet. An anderen Stellen seines Werks geht Kafka noch weiter, indem er zunehmend auch die Brüche dieses Übergangs hervortreten lässt.

Symptomatisch dafür ist etwa der Blick des *Beamten* Kafka auf seinen durch den *Schriftsteller* Kafka in Unordnung versetzten Büroschreibtisch: »Mein Schreibtisch im Bureau war gewiß nie ordentlich, jetzt aber ist er von einem wüsten Haufen von Papieren und Akten hoch bedeckt, ich kenne beiläufig nur das, was obenauf liegt, unten ahne ich bloß Fürchterliches.« (B I, S. 296) In Kafkas Versicherungsbüro hat die Literatur als Faktor der Verunsicherung Einzug gehalten. Der Schrecken wendet sich um: Die Literatur bedroht das Büro.

Dennoch ist Literatur hier keineswegs jenseits des Schreibtisches angesiedelt, der Bruch nicht kategorial. Der Schriftsteller sitzt vielmehr an demselben Schreibtisch wie der Versicherungsbeamte. Allerdings macht er aus dem Apparat der Verwaltung einen der Verwandlung. Die Literatur *setzt* die Ordnungen und Gesetze nicht fest, sie *spielt* mit ihnen. Auf diese auch parodistische Weise verhandelt Kafkas Literatur die großen Ordnungen seiner Zeit. Kanzleiakten, Versicherungsexpertisen, Kriegsberichte, psychoanalytische Kommentare, zionistische Publizistik, literarische Programmatik etc. werden in dieser Literatur ins Gleiten gebracht, verwandelt, karnevalisiert.

Kafka denkt aber auch den radikalen Bruch, die zerstörerische Konkurrenz zwischen Büro und Literatur, und zwar in der wiederum konkreten Vorstellung eines rein literarischen Schreibtisches: »Manchmal glaube ich fast zu hören, wie ich von dem Schreiben auf der einen Seite und von dem Bureau auf der anderen geradezu zerrieben werde.« (B I, S. 296) Der literarische Schreibtisch hat hier nicht mehr so sehr die Aufgabe der Verhandlung von Akten und Schriftstücken, sondern die der Initiation in eine imaginäre Schriftwelt, in der die Bürowelt allenfalls in traumartig verzerrter und parabolisch verschobener Gestalt wiederkehrt. Es ist die Vorstellung einer im nachromantischen Sinn absoluten, privaten, nächtlichen Literatur gegen die tägliche Büroarbeit. Hier schlägt Leben ganz in Literatur um, hier wird der Schreibtisch zum Ort *par excellence*.

Nie verzweifelter als angesichts ihrer Bedrohung, nämlich nach dem Heiratsantrag an Felice Bauer, vergewissert sich Kafka einer solchen absoluten Literatur: »Ich habe kein litterarisches Interesse, sondern bestehe aus Litteratur, ich bin nichts anderes und kann nichts anderes sein.« (B II, S. 261) Einem Leben, das so kompromisslos Literatur sein will, wird der Schreibtisch ein unverrückbarer alternativloser Ort. Die »Koncentration auf das Schreiben hin« fordert geradezu eine »Abmagerung nach allen Richtungen«, eine Askese gegenüber allem, was Nicht-Literatur ist (T, S. 341). Diese radikale Verengung auf eine Schreibtischwelt verleiht Kafkas Literatur etwas Monastisches, gar Fanatisches, etwa in der Askese gegenüber dem Sozialen: »Ich will niemanden sehn, ich will mich durch keinen Anblick verwirren lassen, beim Schreibtisch, das ist mein Platz, den Kopf in meinen Händen, das ist meine Haltung.« (NSF II, S. 16) Diesem auch körperlichen Gestus entspricht die »Angst«, nur »einige Tage vom Schreibtisch abgehalten [zu] sein« (B, S. 386).

Das ist präzise die Lage, in der sich auch Gregor Samsa, der Protagonist in Kafkas 1915 erschienener Erzählung *Die Verwandlung*, befindet, als sich nach seiner Metamorphose Mutter und Schwester daran machen, »den Kasten und den Schreibtisch wegzuschaffen« (DL, S. 160). Mit dem – im Zimmerboden regelrecht verwurzelten – Schreibtisch wird gleichsam Gregors eigene Geschichte und Persönlichkeit ausgerissen. Die Angstvorstellung Kafkas, vom Schreibtisch abgehalten zu werden, und zugleich das verzweifelte Festhalten an ihm, ist hier ins Archaische gewendet. In der Erzählung entlädt sich diese Angst im aufstörenden Amoklauf Gregor Samsas nach seiner Verwandlung in ein Insekt, das deutliche Züge des Schriftstellers trägt, der, asketisch und verzweifelt am Schreibtisch festhaltend, allen ›Versuchungen‹ einer bürgerlichen Welt wie Familie, Ehe, Beruf, Staat etc. zuruft: »mein ganzes Wesen ist auf Litteratur gerichtet, […] wenn ich sie einmal verlasse, lebe ich nicht mehr. Alles was ich bin und nicht bin, folgert daraus.« (B II, S. 271)

Leben

»Mütterchen Prag«: Familiengeschichten (1883-1893)

»Erwartet man vielleicht, daß ich irgendwo abseits erzogen worden bin? Nein, mitten in der Stadt bin ich erzogen worden mitten in der Stadt« (T, S. 19), so vergewissert sich Kafka 1910 im Tagebuch über jene Stadt, in der er am 3. Juli 1883 geboren wurde und annähernd sein ganzes, kurzes Leben verbrachte: Prag. Dieses Prag um 1900 ist mehr als nur ein beliebiger Lebensraum, es ist vielmehr ein elementarer Faktor seines Lebens. Prag ist Mutter, »Mütterchen Prag«, wie es Kafka 1902 in doppelter Anspielung nennt: einerseits an die in der jüdischen Tradition verankerte, geradezu hymnische Bezeichnung Prags als »Mutter Israels, der berühmten Gemeinde Jakobs«, als Schutzort der Juden in der Diaspora, andererseits an die tschechische Wendung »Matička Prag«. Daraus macht Kafka allerdings ein sehr bestimmendes »Mütterchen«, indem er das Heimliche jener Wendung ins Unheimliche umschlagen und die Beziehung zu dieser »Mutter« ambivalent erscheinen lässt: »Prag läßt nicht los [...]. Dieses Mütterchen hat Krallen.« (B I, S. 17) Prag ist für Kafka Mutter, mehr noch: Matrix des Lebens und der Literatur.

Dieses Prag hat eine mythisch-imaginäre und eine historisch-reale Seite. Mythisch ist die Vorstellung Prags mit seinem jüdischen Ghetto – der »Josephsstadt« – als einer Stadt des Okkulten, Unheimlichen. In diesem Sinn bezeichnete der Berliner Dadaist Walter Mehring Prag als »eine okkulte Metropole«, auch mit Blick auf den »talmudischen Kanzlisten der Seraphim – und – Gehenna-Bürokratie, Franz Kafka«, dessen Weg er 1919 in Prag kreuzte (Mehring 1952, S. 198). An der Mythisierung Prags arbeitete schon um 1900 ein Kreis neuromantischer Schriftsteller und Künstler, der sich »Jung-Prag« nannte und »Alt-Prag« idealisierte. Zu ihm gehörte – prägend für Kafkas Generation – der in allen okkulten Wissenschaften experimentierende Schriftsteller Gustav Meyrink, *der* Prager Bürgerschreck des späten 19. Jahrhunderts, der mit seinem Kultbuch *Der Golem* (1916) die Mythisierung des alten Prag und seines jüdischen Ghettos kanonisierte. Zu Meyrinks Kreis

»Okkulte Metropole«

gehörte auch der Boheme-Dichter Paul Leppin, der seinen Roman *Severins Gang in die Finsternis* (1914) als einen »Prager Gespensterroman« bezeichnete, oder der mediumistisch veranlagte Künstler Hugo Steiner, der Meyrinks *Golem* illustrierte und sich den Beinamen »Steiner-Prag« gab.

Um Gespensterromantik ging es dabei allerdings nur vordergründig, vielmehr um einen antibürgerlichen Affekt. Es war ein provokatives Aussprechen von Themen, die in der neoklassizistischen Literatur Prags des 19. Jahrhunderts (u. a. von Hugo Salus) ausgespart wurden: das Unbewusste, der Eros etc. Es war aber auch eine konkrete Kritik am monströsen Projekt der »Assanation« Prags (1893-1917), im Zuge dessen das alte jüdische Ghetto abgerissen und durch moderne Geschäftshäuser und breite Straßen ersetzt wurde. Kafka ist in diesem Baulärm aufgewachsen, vor Augen das alte Ghetto mit seinen »dunklen Winkeln, geheimnisvollen Gängen, blinden Fenstern, schmutzigen Höfen, lärmenden Kneipen und verschlossenen Gasthäusern« (GK, S. 116).

Vom imaginären führt so ein Weg in das reale Prag von Kafkas Zeit. Dieses war freilich nicht nur durch Städtebilder geprägt, sondern auch durch die geographisch-historisch-kulturelle Lage jener Stadt, die auf Tschechisch »Schwelle« bedeutet: Sie lag zwischen Zentrum (in Bezug auf das Kronland Böhmen) und Peripherie (in Bezug auf das alte Österreich), zwischen Ost- und Westeuropa, zwischen tschechischer, deutscher und jüdischer Kultur. Wenn die »Schwellenstadt« in diesem Sinn eine »Dreivölkerstadt« war, so standen ihre drei Kulturen in einer fruchtbaren, aber konfliktreichen Beziehung – auch diese ist bestimmend für Kafkas intellektuelle Biographie. Seit 1848 war im böhmischen Kronland eine tschechische Nationalisierungsbewegung im Erstarken, die zu einem virulenten Konflikt mit den ›Deutschen‹ Prags – Intellektuelle, Beamte, Bürger – führte. Dabei kam es zu handfesten Straßenkämpfen unter Schülern und Studenten.

Die jüdische Bevölkerung wiederum – meist assimilierte Bildungsbürger – geriet dabei buchstäblich zwischen die Fronten, indem sie von den Jungtschechen als Vertreter des ›Deutschtums‹, von den Deutschen gerade umgekehrt angefeindet

Dreivölkerstadt

wurde, wie der Begründer des Zionismus Theodor Herzl in seinem Artikel *Die Juden Prags zwischen den Nationen* 1897 beklagte. Nach dem Sturz der Österreichisch-Ungarischen Monarchie und der Gründung der Tschechoslowakischen Republik 1918 kam es im November 1920 zu Ausschreitungen gegen die ›deutschen‹ Juden, von denen Kafka berichtet: »Die ganzen Nachmittage bin ich jetzt auf den Gassen und bade im Judenhaß. ›Prašivé plemeno‹ [räudige Rasse] habe ich jetzt einmal die Juden nennen hören. Ist es nicht das Selbstverständliche, daß man von dort weggeht, wo man so gehaßt wird (Zionismus oder Volksgefühl ist dafür gar nicht nötig)? Das Heldentum, das darin besteht doch zu bleiben, ist jenes der Schaben, die auch nicht aus dem Badezimmer auszurotten sind.« (M, S. 288) Der Zionismus war die Antwort einer jüngeren Generation jüdischer Intellektueller, wie auch Herzl gerade den Prager Juden riet, jenseits des deutsch-tschechischen Konflikts auf die eigene jüdische Nationalität zu bauen. Während sich vor 1900 die jüdischen Intellektuellen meist als Vertreter, gar Verteidiger der deutschen Kultur verstanden (wie Fritz Mauthner und Hugo Salus), bildete sich seit 1900 eine jungjüdische Bewegung, angeführt u. a. von Kafkas Schulfreund Hugo Bergmann. Sie setzte auf jüdisches Selbstbewusstsein und *Selbstwehr*, so der Titel ihrer Zeitschrift, die Kafka seit 1911 regelmäßig las.

Die Dreivölkerstadt Prag konnte damit einerseits optimistisch als Ort von Mehrsprachigkeit und Transkulturalität gelten. Insbesondere das liberale deutsch-jüdische Prag des 19. Jahrhunderts zelebrierte diese »Idee des vielnationalen Österreichertums«, diesen »großen Gedanken eines übernationalen Österreichs« (EK, S. 22), so Bergmann 1966. Noch die Prager Expressionisten wie Franz Werfel und Anton Kuh kultivierten diese Idee in der des »Weltfreunds«, des kosmopolitischen »Bruders« jenseits von Nationalität *und* Bürgermoral. Solchen Vorstellungen stand aber andererseits der reale Nationalitätenkonflikt entgegen, der zum Untergang der Donaumonarchie entscheidend beigetragen hatte. »Mitten in der Stadt« aufzuwachsen, das bedeutete also in Prag um 1900, mitten in der Konfliktzone kultureller und politischer Imaginationen und zugleich realer, handgreiflicher Auseinandersetzungen zu leben. Anders als dasjenige Werfels oder Brods, spielte sich jedoch Kafkas Prager Leben weniger in dieser politischen Öffentlichkeit ab, sondern meist in einem Zirkel von Familie, Schule, Universität, Büro, Freundschaften und Beziehungen. Entsprechend war sein Leben vordergründig unspektakulär; Kafka sprach von einem »äußerlich sorglosen, ruhigen Leben« (NSF II, S. 194). Doch ging daraus – hintergründig – eine Literatur hervor, in der die scheinbar einfachen Bedingungen dieses Lebens – Familie, Beruf, Ehe, Judentum – in komplexen Konstellationen grundlegend in Frage gestellt wurden.

Die Eltern: zwei Typen jüdischer Sozialisation

Die Prager Matrix war demnach für Kafka auch eine familiäre. Sie bestimmte wesentlich die Lage, in der seine Eltern kurz vor seiner Geburt aus dem böhmischen Umland in diese Stadt gekommen waren, mit dem Ziel, dort ein Geschäft aufzubauen. Kafkas Eltern repräsentierten dabei zwei Typen jüdischer Sozialisation in Böhmen. Der Vater Hermann Kafka (1852-1931) entstammte einer ärmlichen Händlerfamilie aus dem kleinen Ort Wossek in Südböhmen. Schon zu seiner Geburtszeit war die liberale Landeshauptstadt ein Magnet für Landjuden aus »böhmischen Dörfern«.

Sohn eines Fleischers: Kafkas Vater Hermann Kafka (1852-1931)

Hermanns Vater, der Fleischhauer und Schächter Jakob Kafka, war 1889 der letzte Jude, der in Wossek begraben wurde. Sein Sohn aber verließ – wie alle seine fünf Geschwister – das Provinznest nach einer harten, arbeitsamen Jugend bereits mit 14 Jahren, ausgestattet, wie Kafka im *Brief an den Vater* (entstanden 1919) schreibt, mit einem starken »Lebens-, Geschäfts- und Eroberungswillen« (NSF II, S. 146). Diese Formulierung, wie der Tenor des ganzen Briefs, zeigt Bewunderung und zugleich Distanz zum starken Vater, dem Kafka seine eigene Lebens-, Familien- und Geschäftsunfähigkeit – und damit ein elementares Ungenügen an dessen Werten – entgegenhält.

Kafkas Vater jedenfalls kam als junger Mann nach Prag, wo er die wohlhabende deutsch-jüdische Bürgerstochter Julie Löwy

Leben

> »Vergleiche uns beide: ich [...] ein Löwy mit einem gewissen Kafka'schen Fond, der aber eben nicht durch den Kafka'schen Lebens-, Geschäfts-, Eroberungswillen in Bewegung gesetzt wird, sondern durch einen Löwy'schen Stachel, der geheimer, scheuer, in anderer Richtung wirkt und oft überhaupt aussetzt. Du dagegen ein wirklicher Kafka an Stärke, Gesundheit, Appetit, Stimmkraft, Redebegabung, Selbstzufriedenheit, Weltüberlegenheit, Ausdauer.« (Franz Kafka, *Brief an den Vater*, November 1919; NSF II, S. 146)

(1856-1934) kennenlernte, sie im Jahr 1882 heiratete und mit ihr ein Geschäft – einen Galanteriewarenladen (für Modeartikel) – aufbaute sowie eine Familie gründete. Die Familie von Kafkas Mutter lebte seit etwa 1880 in Prag, kam ebenfalls aus dem böhmischen Umland, allerdings nicht aus einem Dorf, sondern aus dem Elbestädtchen Bad Podiebrad, wo ihr Vater Jakob Löwy (1824-1910), vorher ein Tuchhändler, Inhaber einer Bierbrauerei war. Als Kafka in seinem Tagebuch 1911 seine mütterliche Genealogie entwarf, nannte er allerdings nicht die Tuchhändler und Bierbrauer, sondern den jüdischen Gelehrten mit weißem Bart, seinen Urgroßvater: »Ich heiße hebräisch Anschel, wie der Großvater meiner Mutter von der Mutterseite, der als ein sehr frommer und gelehrter Mann mit langem weißem Bart meiner Mutter erinnerlich ist« (T, S. 318). Damit macht Kafka die mütterliche als eine jüdische Genealogie lesbar, die väterliche aber umgekehrt als Auflösung des Judentums: Was dieser aus der »kleinen ghettoartigen Dorfgemeinde« mitbrachte, war »zum Weiter-überliefert-werden [...] gegenüber dem Kind zu wenig, es vertropfte zu Gänze« (NSF II, S. 188). Freilich waren auch die Löwys der Generation von Kafkas Mutter keine Talmudgelehrten mehr. Ihr Vater war Bierbrauer, ihre drei Brüder und zwei Halbbrüder, Kafkas Onkel, ergriffen moderne Berufe. Siegfried Löwy (1867-1942) etwa, den Kafka – mit seinem »vogelartigen Witz« (B, S. 164) – besonders schätzte und als Schüler und Student oft besuchte, war Landarzt in Triesch

Mütterliche Genealogie

Tochter eines Bierbrauers: Kafkas Mutter Julie, geborene Löwy (1856-1934)

»Ich bin der älteste von sechs Geschwistern, zwei Brüder, etwas jünger als ich, starben als kleine Kinder durch Schuld der Ärzte [Georg (1885-1887) und Heinrich (1887 / 88)], dann war es eine Zeitlang still, ich war das einzige Kind. So habe ich sehr lange allein gelebt und mich mit Ammen, alten Kindermädchen, bissigen Köchinnen, traurigen Gouvernanten herumgeschlagen, denn meine Eltern waren doch immerfort im Geschäft.« (Franz Kafka, Brief an Felice Bauer 19./20. Dezember 1912; B I, S. 345)

in Mähren. Alfred Löwy (1852-1923) war Direktor einer Eisenbahngesellschaft in Madrid und kam gelegentlich nach Prag; von ihm sagt Kafka, er sei ihm »der nächste Verwandte, viel näher als die Eltern« (B II, S. 251).

Sohn vielbeschäftigter Galanteriewarenhändler: Kafka, etwa fünf Jahre alt

Als sich Kafkas Eltern kennenlernten, wohnten sie entsprechend ihrem sozialen Hintergrund sehr unterschiedlich: der Vater einfach am Rand des Ghettos, die Mutter mit ihren Eltern jedoch gutbürgerlich am Altstädter Ring im Smetana-Haus. Erst ein Jahr nach der Hochzeit zogen sie in eine gemeinsame Wohnung bei der St.-Niklaskirche, mitten in die Stadt also und an den Rand des noch intakten Ghettos, wo am 3. Juli 1883 ihr erstes Kind zur Welt kam: Franz. Kafkas Erinnerungen an seine Kindheit zeigen einen kleinen Jungen in der Obhut von Personal, während sich die Eltern um das Geschäft kümmern und der strenge, starke Vater dem Knaben das Gefühl von Ungenügen und Minderwertigkeit vermittelt.

PRAGUE M. Klempfert TEPLICE

Die Erfahrung, von den Eltern alleingelassen zu werden, konnte sich bei dem Erfolgswillen des Vaters auch nicht ändern, als die Kafkas im Juni 1889 in eine größere Wohnung im Haus Minutá am Altstädter Ring zogen, wo sie bis 1896 blieben. Hier wurden Kafkas Schwestern geboren: Elli (1889), Valli (1890) und Ottla (1892), die ihm ein Leben lang sehr nahestand. Von 1889-1893 besuchte

Volksschule

Kafka die Deutsche Knabenschule (Volksschule) am Fleischmarkt. Obwohl der Vater mit dem Tschechischen vertrauter war als mit dem Deutschen, gar Mitbegründer der ersten tschechischsprachigen Synagoge Prags, ließ er seinen Sohn mit Blick auf die beruflichen Chancen in der Donaumonarchie in die deutsche Schule gehen. In dieser Schule war Kafka ein eher unsicheres und einsames Kind, das in den Klassenlehrern »Welt-Respekts-Personen« (M, S. 71) sah. Allerdings war er ein guter Schüler und bestand die Aufnahmeprüfung ins Gymnasium problemlos.

Deutsches Gymnasium (1893-1901)

Hermann Kafka verfolgte den Plan eines deutschen Bildungsgangs für seinen Sohn konsequent weiter: Kafka besuchte das *deutsche* Staatsgymnasium und die *deutsche* Universität. Er sollte die Möglichkeit erhalten, nicht nur ein Kaufmann, sondern auch ein Beamter der k. k. Monarchie zu werden. Berufliche Erfolgschancen waren dem Vater wichtiger als politische Haltung – obwohl man eine Loyalität zur tschechischen Partei hätte erwarten können. Sein Sohn sah ihn im böhmischen Nationalitätenkampf keiner Position verpflichtet: »Du konntest […] auf die Tschechen schimpfen, dann auf die Deutschen, dann auf die Juden und zwar nicht nur in Auswahl, sondern in jeder Hinsicht und schließlich blieb niemand mehr übrig außer Dir.« (NSF II, S. 152)

Das deutsche Gymnasium, mit vollem Namen »k. k. Staatsgymnasium mit deutscher Unterrichtssprache in Prag-Altstadt«, das Kafka 1893-1901 besuchte, befand sich im Kinsky-Palais am Altstädter Ring. Der Schwerpunkt der Schule lag auf den humanistischen Fächern Latein und Griechisch; moderne Sprachen lernte Kafka außerhalb der Schule: Tschechisch, das er gut beherrschte, wurde zu Hause meist mit dem Dienstpersonal gesprochen, wobei er auch am fakultativen Tschechischunterricht am Gymnasium teilnahm, Französisch bei einer Gouvernante. Latein und Griechisch unterrichtete der Klassenlehrer Dr. Emil Gschwind, ein katholischer Priester. Kafka zählte zu seinen besten Schülern, der auch zur Privatlektüre in dessen Wohnung geladen wurde. Einen noch stärkeren Eindruck hinterließ Gschwind, ein Schüler von

Berufsaussichten

Wilhelm Wundt, als Lehrer der Philosophie in den letzten beiden Gymnasialjahren. Er vermochte, wie Kafkas Mitschüler Hugo Hecht berichtet, »bei den meisten unserer Klasse Interesse für Philosophie zu erwecken« (EK, S. 41). Nicht zufällig gab Kafka kurz vor dem Abitur Philosophie als Studienwunsch an, und er las schon als Gymnasiast philosophische Werke, etwa – wie sein Schulfreund Oskar Pollak – Nietzsche.

Besonderes Interesse brachte Kafka dem Deutschunterricht entgegen. Kafka, der, anders als Max Brod, nicht aus einem bildungsbürgerlichen Haus mit Bibliothek stammte, gewann hier ein literarisches Wissen, das sein Schreiben stark beeinflussen sollte. Prägend war dennoch nicht nur die Schullektüre von Klassikern wie Goethe, Heinrich von Kleist und Franz Grillparzer, sondern auch die Freizeitlektüre von Arthur Conan Doyles Sherlock-Holmes-Erzählungen bis hin zu Abenteuer-, Historien- und Reiseliteratur wie die illustrierte Zeitschrift *Über Land und Meer* oder später »Schaffsteins Grüne Bändchen«, die Kafka zu seinen Lieblingsbüchern zählte.

Obwohl dem Gymnasiasten die humanistischen Fächer näherlagen als die »realen«, hinterließ auch der naturwissenschaftliche Lehrer Prof. Adolf Gottwald einen starken Eindruck. Ihm ist es zuzurechnen, dass Kafka Fächern wie Naturgeschichte, Botanik und Zoologie großes Interesse entgegenbrachte. Gottwald war es auch, der Kafka zu einer frühen Lektüre der Schriften Charles Darwins und Ernst Haeckels anregte. Die 1899 erschienenen *Welträtsel* von Haeckel las Kafka noch im gleichen Jahr. Und es war Gottwald zu verdanken, dass Kafka nach dem Abitur zunächst mit dem Studium der Chemie begann.

Darwin und Haeckel

Weniger wichtig nahm Kafka den Religionsunterricht. Nun wurde das Altstädter Staatsgymnasium zum größten Teil von deutsch-jüdischen Schülern besucht. In Kafkas erstem Schuljahr 1893 bestand die Klasse aus neun christlichen gegenüber 30 jüdischen Schülern, und auch im Abiturjahr 1901 standen sieben christliche 17 jüdischen Schülern gegenüber. Diese Situation war nach Kafkas Klassenkamerad Emil Utitz »Symptom der insulären Geschlossenheit, in der die meisten

Religionsunterricht

Prager Juden zu Anfang des Jahrhunderts lebten« (EK, S. 46). Um jüdische Bildung ging es dabei allerdings nur beschränkt, denn der Religionsunterricht konnte keineswegs auf ein lebendiges jüdisches Wissen bauen, kamen doch die Schüler fast ausnahmslos aus assimilierten Familien. Bei den Kafkas war das nicht anders. Kafka spricht im *Brief an der Vater* von einem »4-Tagejudentum«. Wie der Vater sogar diese wenigen Tage im Jahr mit »Gleichgültigkeit« im »Tempel« verbrachte, litt der Sohn unter bleierner Langeweile, wenn er dort »die vielen Stunden« »durchgähnte und durchsudelte«. Entsprechend war die Religionspraxis der Kafkas zu Hause: »So war es im Tempel, zu Hause war es womöglich noch ärmlicher« (NSF II, S. 187). Angesichts solcher Verhältnisse, die unter den deutschen Juden Prags üblich waren, war der Religionsunterricht wenig anspruchsvoll. Mitten in die Gymnasialzeit fiel auch die Bar Mitzwa des 13-Jährigen, deren Verlauf und Bedeutung diesen Vorgaben völlig entsprach: Der Vater betrachtete die Bar Mitzwa, die am 13. Juni 1896 in der Zigeuner-Synagoge stattfand und die er auf der Einladung als »Confirmation« bezeichnete, als bloße Pflichtübung. Kafka sah es nicht anders. Der große Tag, der den Sohn als vollwertiges Mitglied der Gemeinde initiieren sollte, beschränkte sich ihm darauf, »im Tempel ein mühselig eingelerntes Stück vor[zu]beten, oben beim Altar, dann zuhause eine kleine (auch eingelernte) Rede [zu] halten« (M, S. 207). Es sollte noch 15 Jahre dauern, bis Kafka das Judentum für sich entdeckte. Als Gymnasiast jedenfalls lehnte er es ab.

Kafka verhielt sich während seiner Schulzeit am Gymnasium eher unauffällig. Sein langjähriger Klassenkamerad Hugo Hecht beschrieb ihn als »bescheidenen, stillen, guten Schüler«, gar als einen »Tugendbold«, der »nie gerauft« habe; Emil Utitz wiederum als »einen schlanken, hochgewachsenen, knabenhaft aussehenden Menschen, der so still, fein und fast heilig aussah, der gut war und ein wenig verlegen lachte [...] und

Bar Mitzwa

P. T.

Ich lade Sie höflichst zur Confirmation meines Sohnes

Franz,

welche am 18. Juni 1896 um ¹/₂ 10 Uhr Vormittag in der Zigeuner-Synagoge stattfindet.

Hermann Kafka,
Zeltnergasse 3.

»Confirmation«: Einladung Hermann Kafkas zur Bar Mitzwa des 13-jährigen Sohnes

»immer ein
wenig distan-
ziert«

immer ein wenig distanziert und fremd blieb« (EK, S. 51).
Sehr viel näher an die Persönlichkeit des jungen Kafka gelangte ein weiterer Klassenkamerad, sein Freund Hugo Bergmann. Wie Hecht teilte dieser mit Kafka die ganzen zwölf
Schuljahre. In der Gymnasialzeit war er oft bei Kafka, der seit
dem Umzug aus dem Haus Minutá in die Zeltnergasse 1896
nicht nur ein eigenes Zimmer, sondern auch einen Schreibtisch hatte, an dem die beiden gemeinsam arbeiteten. Bergmann, der schon als Gymnasiast zu den führenden zionistischen Intellektuellen Prags zählte und 1920 nach Palästina
auswanderte, beschrieb Kafkas Position in den Gymnasialjahren geradezu als Affekt gegen das Judentum: »Franz hatte

Atheistisch oder
pantheistisch

in jener Zeit eine atheistische oder pantheistische Periode und
wollte mir meinen jüdischen Glauben unbedingt abspenstig
machen.« (EK, S. 27) Bergmann bezog sich dabei nicht nur
auf Kafkas angelesenen Darwinismus, sondern auch auf »einen Sozialismus« unter dem Einfluss eines weiteren Mitschü-
lers, Rudolf Illový, der 1898 das Gymnasium verlassen hatte,
um für das tschechische Arbeiterblatt *Pravo lidu* zu schreiben.
Dieser bei Kafka allerdings mehr romantische als politische
Sozialismus führte zu einer gewissen Entfremdung zwischen
ihm und Bergmann, allerdings blieben die beiden bis in Kafkas letzte Lebensjahre miteinander befreundet.

Klassenbild im
fünften Gymna-
sialjahr 1897/98;
Kafka oben,
Zweiter von links

Bergmann war nicht Kafkas einziger Freund der Gymnasialzeit. Auch Ewald Felix Příbram stand ihm nahe, ein getaufter Jude und erklärter Atheist (sein Vater wurde Präsident der Arbeiter-Unfall-Versicherungs-Anstalt, wo Kafka später arbeiten sollte), sowie Oskar Pollak, der später Philosophie, Kunstgeschichte und Archäologie studierte und Kunsthistoriker wurde. Vor allem seine entschlossene, an Nietzsche angelehnte Haltung beeindruckte Kafka, dem er ein Gesprächspartner über Literatur und Kunst wurde, wie auch Paul Kisch, dem Bruder des später berühmten »rasenden Reporters« Egon Erwin Kisch. Mit Paul Kisch plante Kafka ein Germanistikstudium in München, das Kisch im Gegensatz zu Kafka realisierte, um später als Journalist in Prag und Wien zu arbeiten.

Deutsche Universität (1901-1906)

Das Abitur im Sommer 1901, das Kafka in den Fächern Geographie, Geschichte, Griechisch und Philosophie »lobenswert«, in den Fächern Mathematik, Deutsch und Naturkunde »befriedigend« bestand, belohnten die Eltern mit einer Nordseereise auf die Inseln Helgoland und Norderney im August. Kafka traf dort seinen Onkel Siegfried Löwy, mit dem er einen Großteil dieses Urlaubs verbrachte. Zurück in Prag schrieb sich der vom Militärdienst wegen »Schwäche« Befreite im Oktober – gemeinsam mit Bergmann und Pollak – zum Studium der Chemie an der deutschen Universität ein, nachdem er noch kurz zuvor Philosophie als Studienwunsch angegeben hatte.

Chemiestudium

Die deutsche Universität war Ergebnis einer Teilung der 1348 gegründeten Karls-Universität in einen tschechischen und einen deutschen Teil im Jahr 1882. Wie schon im Fall der Staatsgymnasien entschieden sich die jüdischen Bildungsbürger auch beim Studium meist für den deutschen Bildungsweg. Im Übrigen war die neue deutsche Universität vielversprechend, konnte sie doch rasch renommierte Professoren berufen: Hier lehrten bis 1895 der Physiker Ernst Mach, vor dem Ersten Weltkrieg Albert Einstein, der Völkerrechtler Heinrich Rauchberg, der Strafrechtler Hans Gross, der Nationalökonom Alfred Weber (ein Bruder des Soziologen Max Weber), der später Kafka promovierte, der Philosoph Oskar Kraus und der Germanist August Sauer, um nur einige Namen zu nennen, die für Kafka wichtig werden sollten. Die Laborarbeit des Chemiestudiums sagte den drei Erstsemestern jedoch wenig zu. Nach nur zwei Wochen wechselte Kafka in die rechtswissenschaftliche Fakultät. Das Recht wurde von jüdischen Studenten nicht zuletzt deshalb als Fach favorisiert, weil es einen freien Beruf in Aussicht stellte.

Wechsel zur juristischen Fakultät

Allerdings begeisterte Kafka auch das Jurastudium mit seinen anfänglichen Vorlesungen zum römischen Recht wenig. Schon nach einem Semester unterbrach er es im Frühjahr 1902, um Vorlesungen in Germanistik, Philosophie und Kunstgeschichte zu hören, darunter August Sauers Vorlesung zum Sturm und Drang. Doch wird sich Kafka von Sauer kaum angesprochen gefühlt haben, der Germanistik als regionalistische ›Pflege des deutschen Volkstums‹ verstand. So ist es wenig verwunderlich, dass Kafka seinen einsemestrigen Exkurs in die Germanistik »in die Hölle« wünschte, um im Herbst 1902 zur Rechtswissenschaft zurückzukehren. Er vergaß die Germanistik aber nicht ganz. Im Herbst 1903 reiste er für zwei Wochen nach München, wo inzwischen Paul Kisch Germanistik und Emil Utitz Philosophie studierten, um die Möglichkeit eines dortigen Studiums zu prüfen. Dennoch kehrte Kafka nach Prag und zum Rechtsstudium zurück, das er nun ohne weitere Unterbrechung, wenn auch ohne Begeisterung absolvierte. Im Gegenteil: Seine Studienerfahrungen beschreibt er im *Brief an den Vater* wenig schmeichelhaft: »Ich studierte also Jus. Das bedeutete, daß ich mich in den paar Monaten vor den Prüfungen unter reichlicher Mitnahme der Nerven geistig förmlich von Holzmehl ernährte, das mir überdies schon von tausenden Mäulern vorgekaut war.« (NSF II, S. 198)

Unter diesen Voraussetzungen leistete Kafka die anfänglichen Pflichtvorlesungen zur Rechtsgeschichte ab (nach dem römischen auch das österreichische Recht), jedoch nicht das ganze Studium. Nach dem Grundstudium wurde das Fach im Juli 1903 abwechslungsreicher – hinzu kamen Zivilrecht, Strafrecht, Nationalökonomie – und die Lehrer interessanter.

Vor allem zwei Lehrer wurden für Kafka wichtig: Zum einen der Kriminologe Hans Gross, bei dem er im Sommer 1904 Rechtsphilosophie hörte (und dessen Sohn, den Anarchisten Otto Gross, Kafka 1917 kennenlernen sollte), zum anderen der Nationalökonom Robert Zuckerkandl, der später – 1917 – Kafkas Erzählungen lesen wird und sich dabei fragt: »Ich muss ihn doch kennen, wenn er unser Doktor ist.« (B, S. 508)

Hans Gross

Robert Zuckerkandl

Im Herbst 1905 begannen die Examen. Die Promotion sah damals nur mündliche Prüfungen vor, weder Klausur noch Doktorarbeit. Die mündlichen Prüfungen auf den Gebieten des Zivilrechts, des Staatsrechts und der Rechtsgeschichte absolvierte Kafka nicht ohne Schwierigkeit, das zweite Rigorosum unter Vorsitz von Zuckerkandl, Weber und Rauchberg bestand er eher knapp.

Dass das Jurastudium für die Genese des Schriftstellers Kafka von Bedeutung war, liegt auf der Hand. Zahlreiche Spuren führen in die Thematik seiner späteren Texte, die vielfach Fragen des Rechts, der Verwaltung, der Ökonomie etc. aufwerfen. Das wird auch Kafkas berufliche Tätigkeit als Versicherungsbeamter bestätigen. Dennoch wurde sein zunehmendes Interesse an der Literatur während des Studiums auf anderem Weg entschiedener befördert: durch eine Art literarisches Parallelstudium.

Jurastudium und Literaturbetrieb

Gelegenheit dazu bot die »Lese- und Redehalle der deutschen Studenten«, deren Mitglied Kafka – wie viele seiner ehemaligen Klassenkameraden – mit Studienbeginn wurde. Zu der »Halle« gehörte eine Bibliothek mit aktuellen Zeitschriften sowie einem Programm von Lesungen und Vorträgen, das die deutsche Kultur und Literatur in liberaler Perspektive beleuchtete, im Unterschied zum völkisch-deutschnationalen »Lese- und Redeverein Germania«. Kafka partizipierte insbesondere an den Veranstaltungen der literarischen Sektion der »Halle«, deren Berichterstatter er wurde. Neben zahlreichen philosophischen und literaturwissenschaftlichen Vorträgen etwa über Goethe, Heinrich Heine, Franz Grillparzer, Arthur Schopenhauer und Friedrich Nietzsche waren in Kafkas Studienjahren 1902-1906 auch Lesungen von Prager deutschen Autoren zu hören, darunter Gustav Meyrink, Paul Leppin,

Dr. jur. Franz
Kafka: Zur Zeit
der Promotion
(1906)

Emil Faktor, Heinrich Teweles, Hugo Salus, um nur die wichtigsten zu nennen.

Von besonderer Bedeutung für Kafka wurde der Vortrag über »Schicksale und Zukunft von Schopenhauers Philosophie« am 23. Oktober 1902 durch einen jungen Studenten der Rechte, der in der »Halle« als Obmann der Sektion Literatur bald eine wichtige Rolle spielte: Max Brod. Kafka sah sich durch den Vortrag, der Schopenhauer gegen den »Schwindler« Nietzsche stellte, zur Kritik herausgefordert, wie Brod rückblickend schreibt: »Damals [...] scheint ihn etwas an mir angezogen zu haben [...], allerdings fing das endlose Heim-Begleitgespräch mit starkem Widerspruch gegen meine allzu groben Formulierungen an.« (FK, S. 45 f.) Dieses Streitgespräch über Nietzsche und Schopenhauer sowie über ihre »Lieblingsschriftsteller« Gustav Meyrink und Hugo von Hofmannsthal war der Anfang einer lebenslangen Freundschaft, die in erster Linie über Literatur, nach 1911 auch über das Judentum, zusammengehalten wurde. Sie intensivierte sich rasch zu täglichen Treffen. Brod und Kafka besuchten in den folgenden Jahren zahlreiche Veranstaltungen, unternahmen Ausflüge ins Umland und in der besten Zeit der Freundschaft zwischen 1908 (als Brod seinen Jugendfreund Max Bäuml verlor) und 1913 (als Brod Elsa Taussig heiratete) auch längere Reisen, zum Beispiel nach Riva am Gardasee und zur Flugwoche in Brescia, über die Kafka das Feuilleton *Die Aeroplane in Brescia* schrieb, das im September 1909 in der Prager Zeitung *Bohemia* erschien (BKR, S. 17-29). Im Oktober 1910 und erneut im September 1911 reisten Brod und Kafka nach Paris, im Juli 1912 nach Weimar. Dabei führten sie stets Reisetagebücher (vgl. BKR), die auch Grundlage eines gemeinsamen Romans mit dem Titel *Richard und Samuel* werden sollten; im März 1912 gelangte in Willy Haas' *Herderblättern* ein Kapitel zum Druck.

Während Kafkas Studienzeit existierte neben der deutschliberalen Redehalle, der ein Großteil der jüdischen Studierenden angehörte, und des deutschvölkischen Vereins »Germania« auch ein nationaljüdischer Studentenverein. Er wurde 1893 unter dem Namen »Makabäa« gegründet, mit dem Ziel einer

Freund, Mentor, Bewunderer: Der Dandy Max Brod in jungen Jahren

Richard und Samuel

selbstbewussten jüdischen Alternative jenseits von »Deutschtum und Slawentum«: »Die Juden sind keine Deutschen, keine Slawen, sie sind ein Volk für sich«, heißt es 1884 in einem Aufruf der *Makabäa* »an die jüdischen ›Commilitonen‹ in Prag« (Tramer 1961, S. 143). 1899 ging aus der »Makabäa« der Prager zionistische Studentenverein Bar Kochba hervor, den Kafka zweifellos kannte, auch weil Bergmann sein intellektueller Schöpfer war und 1903 zu seinem Präsidenten wurde. Zur Zeit des Studiums bedeutete der Verein Kafka wie Brod allerdings wenig. Erst 1910 begannen sie die Veranstaltungen des Bar Kochba zu besuchen, seine Wochenschrift *Die Selbstwehr* (1907 ff.) zu lesen und sich für seine Ziele einzusetzen – Brod im Unterschied zu Kafka bald mit großer Entschiedenheit.

Dem Studenten Kafka war vorerst ein weiterer, halbprivater philosophischer Zirkel wichtiger, in dem alte Klassenkameraden wie Bergmann und Pollak präsent waren: der Louvre-Zirkel, benannt nach dem Treffpunkt im Café Louvre. Kafka besuchte – wenn auch unregelmäßig – von 1903 bis 1906 die Treffen des Zirkels. Diskutiert wurde in erster Linie über die Philosophie Franz von Brentanos, in deren Zentrum eine Theorie des Bewusstseins und der Erfahrung steht. Brentanos Ideen dominierten klar die Prager Philosophie. Als ihre Apologeten galten die Philosophieprofessoren Anton Marty und Christian von Ehrenfels, deren Veranstaltungen Kafka besuchte: bei Ehrenfels über »Praktische Philosophie«, bei Marty über »Grundfragen der deskriptiven Psychologie«. Auch der Louvre-Kreis wurde von ›orthodoxen‹ Brentanisten dominiert, nämlich von Martys Assistenten Oskar Kraus, Alfred Kestil und Josef Eisenmeier. Zu ihm stießen 1903 neben Kafka weitere junge deutsch-jüdische Intellektuelle: Hugo Bergmann, Max Brod, Felix Weltsch sowie die philosophische Autodidaktin Berta Fanta. Sie begründete einen eigenen Salon in ihrem Haus, der die Interessen über die Philosophie hinaus in Richtung Parapsychologie und Theosophie (Rudolf Steiner) thematisch ausweitete. Kafka, Brod, Weltsch und Oskar Baum fanden sich hier ebenfalls ein. Der streng brentanistische Louvre-Zirkel hingegen war weniger auf ihrer intellektu-

Der Louvre-Zirkel

ellen Wellenlinie, zumal Brod im Oktober 1905 wegen Verdachts einer Brentano-Kritik ausgeschlossen wurde. Dieses Ereignis nahmen Weltsch und Kafka zum Anlass, sich in der Folge zu absentieren – kurz zuvor hatte Kafka zudem eine Persiflage auf Brentanos Philosophie verfasst.

Die Bedeutung dieser Kreise außerhalb des juristischen Curriculums lag nicht nur in ihrem intellektuellen, sondern auch in ihrem sozialen Potential. In dieser Zeit nämlich bildete sich heraus, was Brod im Nachhinein als »engeren Prager Kreis« (PK, S. 84 ff.) bezeichnete: der Freundeskreis Kafka, Brod, Weltsch und Baum. Brod selbst stammte wie Kafka aus jüdisch assimiliertem, aber gutbürgerlichem Haus. Sein Vater war als stellvertretender Bankdirektor vermögend, die Mutter kulturell und gesellschaftlich aktiv. Brod, ein Jahr jünger als Kafka, war schon im Studium schriftstellerisch sehr erfolgreich und eine intellektuelle Größe Prags, trat als Pianist und Komponist auf, gab sich als dandyhafter Künstler – eine Haltung, für die er selbst den Begriff des »Indifferentismus« prägte und mit Schopenhauer und Meyrink begründete. Noch als Student schrieb er den Erfolgsroman *Schloß Nornepygge* (1908), mit dem er dieser Haltung Ausdruck verlieh. Kafka selbst lag Brods ästhetizistische Pose des »Indifferentismus«, von dem sich dieser selbst um 1910 in einer Wende zum Judentum verabschiedete, fern. Ungeachtet dessen wurde Brod zum literarischen Geburtshelfer nicht nur Kafkas, sondern auch Werfels.

Über Brod lernte Kafka gegen Ende seines Studiums Felix Weltsch und Oskar Baum kennen. Weltsch hatte mit Kafka bereits den Religionsunterricht am Gymnasium geteilt und studierte nun ebenfalls Jura, obwohl sein eigentliches Interesse der Philosophie galt, wobei er als Mitglied des Louvre-Zirkels Brentanos Philosophie folgte. Entsprechend seiner Doppelstudien absolvierte er nach dem juristischen (1907) noch den philosophischen Doktor (1911). Oskar Baum wiederum, der aus einer orthodox-jüdischen Familie

Der »engere Prager Kreis«

Die Freunde: Der blinde Schriftsteller Oskar Baum (1883-1941) und der Philosoph und Zionist Felix Weltsch (1884-1964)

stammte, war Klavierlehrer und ebenfalls bereits erfolgreicher Schriftsteller, als Kafka ihn über Brod im Herbst 1904 kennenlernte. Die Zusammenkünfte dieser Freunde nun – Kafka, Brod, Weltsch, Baum – bildeten nach Brod den »engeren Prager Kreis« oder – benannt nach dem gelegentlichen Treffpunkt im Café Arco – die »Arconauten«. Meist trafen sie sich jedoch in den Wohnungen von Baum oder Brod, wo sie sich über Jahre gegenseitig ihre Texte vorlasen und diskutierten.

Kafka hatte schon als Schüler den Plan artikuliert, Schriftsteller zu werden – seine frühesten Äußerungen in diese Richtung stammen aus »den ersten Gymnasialjahren«, wie Bergmann bezeugt (EK, S. 25). Bereits als Schüler schrieb er Theaterstücke (für Familienfeiern) und Prosa – Texte, die er allerdings vernichtete (was er später wiederholt tat). Der Student wies diese ersten Ergebnisse seines Schreibens jedoch 1902 als »Schwulst« zurück und forderte dagegen ein Schreiben »ohne Schnörkel und Schleier und Warzen« (B I, S. 11). Zu diesem Neuanfang des Schreibens in der Studienzeit trug neben der »Halle« und den schreibenden Freunden auch die Lektüre von Literaturzeitschriften bei, insbesondere des *Kunstwarts*, den Kafka von 1900 bis 1904 abonniert hatte, seit 1902 die *Neue Deutsche Rundschau*, die er anschließend regelmäßig las, sowie die Literaturzeitschriften von Franz Blei: die »Zeitschrift für seltsame Literatur und Kunst« *Amethyst*, die Kafka 1905 gemeinsam mit Brod abonnierte, und ab 1907 den *Hyperion*, in dem auch Kafkas erste Texte gedruckt wurden. Im März 1908 erschienen dort acht Prosastücke unter dem Titel *Betrachtung*. Kafkas literarisches Profil gewann damit an Kontur, nach den Klassiker-Lektüren an der Schule und den Prager deutschen Autoren der »Halle« nun auch mit den großen Namen der Gegenwartsliteratur, wie sie in den Literaturzeitschriften präsent waren: Hugo von Hofmannsthal, Thomas Mann, Robert Walser, Stefan George, Friedrich Hebbel, Rainer Maria Rilke, Gustave Flaubert, um nur die wichtigsten zu nennen. Auch mit diesen Lektüren schuf sich der Jurastudent ein Experimentier- und Identifikationsfeld für seinen Plan, Schriftsteller zu werden.

Bei den ersten schriftstellerischen Anfängen war noch nicht

Betrachtung, vgl. S. 82 ff.

Brod, sondern Oskar Pollak Kafkas Ansprechpartner. Ende 1902 schickte er ihm in einem Brief »die vertrackte Geschichte vom schamhaften Langen und vom Unredlichen in seinem Herzen« und im September 1903 überließ er ihm seine bisherigen literarischen Versuche zur Lektüre. Im Sommer 1904 begann Kafka mit der Arbeit an jenem Textkonglomerat, das zu seinen frühesten überlieferten Arbeiten gehört: *Beschreibung eines Kampfes.* Auszüge aus dem Manuskript – das *Gespräch mit dem Beter* und das *Gespräch mit dem Betrunkenen* – erschienen im Juni 1909 in Bleis *Hyperion*, wie schon zuvor die *Betrachtung*. Sie gehören zu den ersten Publikationen des jungen Kafka, der sich vorgenommen hatte, nicht nur Jurist, sondern auch Schriftsteller zu werden. Entsprechend nutzte er seine Studienzeit bis zum Sommer 1906 durchaus nicht nur dafür, mit durchschnittlichem Erfolg einen Brotberuf zu erlernen. Vielmehr arbeitete er zeitgleich daran, in immer neuen Lektüren und Schreibexperimenten – im Sommer 1905 entstand auch der Romanentwurf *Hochzeitsvorbereitungen auf dem Lande* – in der Literatur sein eigentliches Feld herauszubilden. Brod nahm Kafkas literarische Fähigkeiten als Erster ernst und präsentierte den noch völlig Unbekannten schon kurz nach Studienabschluss im Februar 1907 – mitten in einer Besprechung eines Dramas von Franz Blei – höchst prominent.

Beschreibung eines Kampfes, vgl. S. 80 ff.

> »Es ist ein Zeichen der jetzt erreichten hohen Cultur deutschen Schrifttums, dass wir einige haben, die [...] die verschiedensten Seiten des Daseins mit ihrer Kunst und Grausamkeit schmücken. Heinrich Mann, Wedekind, Meyrink, Franz Kafka und noch einige gehören [...] zu dieser heiligen Gruppe.« (Max Brod, in: *Die Gegenwart*, Jg. 71, 9. Februar 1907, S. 93)

Kafka beantwortete diese offenkundige Übertreibung mit Humor und Selbstironie: »Nun, das ist Fasching, durchaus Fasching, aber der liebenswürdigste.« (B I, S. 49)

AB:
Karls
Bescheiden-
heit

Schriftsteller werden – Literatur werden (1907-1913)

Die Bescheidenheit, mit der Kafka auf Brods Versuch reagierte, ihn als bedeutenden Schriftsteller zu etablieren, war auch Realismus, denn ein Durchbruch, wie ihn Brod mit dem Roman *Schloß Nornepygge* erreichen konnte, war bei Kafka nicht in Sicht. Dennoch baute er immer mehr auf die Vorstellung einer literarischen Karriere. Gegen alle bürgerlichen Lebensformen wie Beruf und Ehe erklärte er die Literatur geradezu zu seinem Wesenskern, wenn er etwa im August 1913, hier als Warnung vor sich selbst, an Felice Bauer schreibt: »Ich habe kein litterarisches Interesse, sondern bestehe aus Litteratur, ich bin nichts anderes und kann nichts anderes sein.« (B II, S. 261) Gegenüber seinem Schwiegervater *in spe* Carl Bauer radikalisierte er diese Aussage kurz darauf: »Mein ganzes Wesen ist auf Litteratur gerichtet, diese Richtung habe ich bis zu meinem 30ten Jahr genau festgehalten; wenn ich sie einmal verlasse, lebe ich nicht mehr. Alles was ich bin und nicht bin, folgert daraus.« (B II, S. 271)

Zwischen dieser größten Entschiedenheit für die Literatur und dem bescheidenen Selbstvertrauen klafft eine eklatante Differenz. In dieser Spannung, die die radikalste Entschlossenheit für die Literatur jäh in die größten Selbstzweifel über die eigene Fähigkeit zu schreiben umschlagen lässt, entwickelte Kafka bis 1912 sein schriftstellerisches Selbstverständnis. Dieser Prozess lag zwischen den ersten Publikationen in Bleis *Hyperion* 1908 und der Niederschrift der Erzählung *Das Urteil* im September 1911 bzw. dem Erscheinen seines ersten Buches unter dem Titel *Betrachtung* im Dezember 1912. Auf dem Weg dahin gab es eine Reihe von kleinen, teils gedruckten Essays und Rezensionen in der deutschsprachigen Prager Zeitung *Bohemia*.

Grundlegend für die weitere Etablierung des Schriftstellers Kafka war seine letzte gemeinsame Reise mit Brod Ende Juni 1912 nach Weimar. Im Zentrum stand weniger die Pilgerfahrt zu den Klassikern Goethe und Schiller, die er zwar bewunderte, über die er aber dennoch im Tagebuch notierte: »Goethe hält durch die Macht seiner Werke die Entwicklung der deutschen Sprache wahrscheinlich zurück.« (T, S. 318) Ent-

Schriftstellerisches Selbstverständnis

scheidend war vielmehr ein Zwischenhalt in Leipzig am 28. Juni 1912. Dort arrangierte Brod ein Treffen mit dem Verleger Ernst Rowohlt und seinem Teilhaber Kurt Wolff, der Anfang 1913 einen eigenen Verlag gründen sollte, in dem die literarische Avantgarde des expressionistischen Jahrzehnts publizierte. In seinem Verlag erschienen später auch die meisten von Kafkas selbständigen Drucken zu Lebzeiten. Wolff schien es bei dieser Zusammenkunft, als präsentiere ihm der »Impresario [Brod] den von ihm entdeckten Star«, und auch Kafka war von dem eleganten und wohlhabenden Verleger sehr angetan. Im Laufe des Treffens brachte nicht nur Brod seine Idee eines »Jahrbuchs für Dichtkunst« *Arkadia* (1913) vor. Geplant wurde auch der Druck der 1904 bis 1912 entstandenen Kurzprosa Kafkas. Ende 1912 (mit der Jahreszahl 1913) erschien der Band mit den kleinen Prosastücken in übergroßen Typen auf 99 Seiten unter dem Titel *Betrachtung* bei Rowohlt. Von einem Durchbruch als Schriftsteller konnte mit diesem Band dennoch nicht die Rede sein. Zum einen fielen die gut zehn Rezensionen durchaus ambivalent aus. Während Brod erwartungsgemäß Kafkas »Erstlingswerk« in höchsten Tönen feierte (»lückenlos, fehlerlos, unverletzlich«), sprach Robert Musil von »Seifenblasen« (KRL, S. 25 und S. 34). Zum anderen ließ sich das Buch kaum verkaufen: Bis 1915 konnte Rowohlt bloß 400 Exemplare absetzen. Die restlichen übernahm Wolff als zweite Ausgabe in seinem neuen Verlag. Kafka aber erlebte vorerst allein den Umstand des Drucks seines Erstlings als Bestätigung, ja Befriedigung und schriftstellerisches Glück.

Für seine Bestätigung als Schriftsteller war nicht nur die Erfahrung des Gedrucktseins, sondern mehr noch die des Schreibens von höchster Bedeutung. Das zeigt die Niederschrift jener Erzählung, die zuerst in Brods *Arkadia* (1913) erschienen ist: *Das Urteil*. Während Kafka bis dahin immer wieder selbstquälerisch seine »Unfähigkeit zu schreiben« (T, S. 14) behauptet hatte, erfuhr er bei der Niederschrift des *Urteils* die

Ernst Rowohlt und Kurt Wolff

Der Verleger: Kurt Wolff mit seiner Frau Elisabeth um 1912

Das Urteil, vgl. S. 86 ff.

höchste Befähigung in einem traumähnlichen Zustand, wie er mit Verweis auf die Psychoanalyse im Tagebuch kommentiert: »Gedanken an Freud natürlich« (T, S. 461), was sich freilich auch auf die ödipale Konstellation der Erzählung bezieht. Diesen Zustand beschrieb Kafka gegenüber dem Philosophen und Theosophen Rudolf Steiner, mit dem er sich im März 1911 über sein Schreiben unterhielt, als einen »höheren«, geradezu »hellseherischen Zustand«, als eine literarische *clairvoyance* (T, S. 34). Bei der Niederschrift des *Urteils* erreichte Kafka einen solchen Zustand schon durch die Konzentration in einer einzigen Nacht: und zwar vom 22. auf den 23. September 1912, genauer am Abend des Jom Kippur, des höchsten jüdischen Feiertags – ein Tag des Fastens, der Buße und Versöhnung –, den Kafka im Kreis seiner Familie verbracht hatte. Um zehn Uhr setzte er sich in seinem Zimmer an den Schreibtisch, um »bis 6 Uhr früh in einem Zug« (T, S. 460) diese Vater-Sohn-Geschichte mit expressionistischer Signatur niederzuschreiben, was Kafka am folgenden Tag als neuen Maßstab eines radikalen Schreibens zelebrierte: »Die fürchterliche Anstrengung und Freude, wie sich die Geschichte von mir entwickelte. […] Nur so kann geschrieben werden, nur in einem solchen Zusammenhang, mit solcher vollständigen Öffnung des Leibes und der Seele.« (T, S. 461) Die Rede von der »Öffnung« präzisierte Kafka anlässlich der Korrektur der Druckfahnen Anfang 1913 als »Geburt«, allerdings mit aller Ambivalenz über diese äußerste Verausgabung: »die Geschichte ist wie eine regelrechte Geburt mit Schmutz und Schleim bedeckt aus mir herausgekommen« (T, S. 491). Kafkas eigene Rhetorik des »Durchbruchs« nimmt so von Anfang an den Schmerz in den Blick und damit den existentiellen Preis, den die Literatur fordert: die Aufgabe alles Nicht-Literarischen.

»Geburt mit Schmutz und Schleim«

»In mir kann ganz gut eine Koncentration auf das Schreiben hin erkannt werden. […] Das war notwendig, weil meine Kräfte in ihrer Gesamtheit so gering waren, daß sie nur gesammelt dem Zweck des Schreibens halbwegs dienen konnten.« (Franz Kafka, Tagebuch vom Januar 1912; T, S. 341)

Diese Konzentration auf die Literatur bei gleichzeitiger »Abmagerung« gegenüber aller Nicht-Literatur wird zur Signatur von Kafkas Schreiben. Paul Friedrichs Rede von »Kafkas Junggesellenkunst« (KRL, S. 33) in seiner Rezension der *Betrachtung* im August 1913 traf genau diesen Punkt. Kafka selbst griff dieses Bild zustimmend auf, wenn auch nicht ohne Selbstironie (B II, S. 262): Eine absolute Literatur um den Preis aller bürgerlichen Großprojekte wie Ehe, Familie, Beruf, Nationalität oder Zionismus ist »Junggesellenkunst«, ist eine Literatur der »Söhne«, so lautete Kafkas Titelvorschlag für ein geplantes zweites Buch bei Kurt Wolff (B II, S. 156), das neben dem *Urteil* zwei weitere Erzählungen enthalten sollte: die im November 1912 entstandene *Verwandlung* sowie *Der Heizer*, ein Kapitel aus dem seit September 1912 entstehenden Roman *Der Verschollene*. Der Söhne-Band kam allerdings nicht zustande, stattdessen erschienen die beiden Erzählungen in Kurt Wolffs neuer Reihe »Der jüngste Tag«, 1913 *Der Heizer*, 1915 *Die Verwandlung*.

Diese Disposition von Kafkas Schreiben bestätigte und relativierte sich zugleich angesichts der beiden großen Konkurrenten zur Literatur: Beruf und Ehe. Sie bestätigte sich, indem beide gegenüber dem Schreiben zurücktraten und Kafka der Literatur Gesundheit und Leben opferte. Zunächst relativierte sie sich jedoch, indem Kafka bis um 1917 einen langen und kräfteraubenden Versuch unternahm, die Literatur mit dem bürgerlichen Leben zu versöhnen.

Beruf: Der Versicherungsjurist und Anstaltsschreiber (1907–1917)

Die Absolventen des Rechtsstudiums hatten, wenn sie in den Staatsdienst treten wollten, die Pflicht einer einjährigen, unbezahlten »Rechtspraxis«. Kafka absolvierte diese ab 1. Oktober 1906 beim Landesgericht, davon ein halbes Jahr am Zivilgericht und ein halbes Jahr am Strafgericht. Diese Phase zwischen Studium und Beruf tat Kafka im Nachhinein als »Bummelzeit« ab, unbefriedigt darüber, ohne Bezahlung arbeiten und nach wie vor zu Hause wohnen zu müssen. Die Kafkas wohnten bis Sommer 1907 in der Zeltnergasse, dann zogen sie in das Haus »Zum Schiff« in der Niklasstraße, die vom Altstädter Ring in Richtung Moldau führte. In der engen Wohnung erhielt Kafka wieder ein eigenes Zimmer, allerdings zwischen Elternschlaf- und Wohnzimmer gelegen, was ihm nur wenig Privatsphäre bot. Die Arbeit am Gericht erlaubte ihm aber, die Nachmittage in Caféhäusern wie dem »Corso« mit der Lektüre von Tageszeitungen und Literaturzeitschriften wie der *Neuen Rundschau* zu verbringen, und die Abende und Nächte gemeinsam mit Brod in Weinlokalen, Varietés, Bars und Bordellen, zum Beispiel im *Cabaret Lucerna*, im *Trocadero* und *Eldorado*, in denen Kafka und Brod – dieser unerachtet seiner Bindung mit Elsa Taussig seit 1908 – auch erotische Abenteuer suchten.

Nach Ablauf des Praxisjahres verbrachte Kafka den August 1907 bei seinem Onkel Siegfried Löwy in Triesch, um danach **Die erste** in Prag zum 1. Oktober seine erste Anstellung anzutreten: **Anstellung** Nachdem er sich mit Siegfried beraten und sein Madrider Onkel Alfred Löwy vermittelt hatte, bewarb er sich bei der privaten Versicherungsanstalt »Assicurazioni Generali« und wurde dort zunächst als »Aushilfskraft« beschäftigt. Kafka arbeitete sich für diese Tätigkeit in das Versicherungsrecht ein, wozu er in der Handelsakademie Kurse besuchte, u. a. bei Dr. Robert Marschner, der bald sein Vorgesetzter werden sollte. Und er lernte Italienisch in der Hoffnung, in Triest in den Außendienst übernommen zu werden oder gar, wie er im Oktober 1907 schreibt, »selbst auf den Sesseln sehr entfernter Länder einmal zu sitzen« und »aus Bureaufenstern Zuckerrohrfelder oder mohamedanische Friedhöfe« zu sehen (B I, S. 72). Der ganztätige Arbeitsalltag, an dem er sich vor allem mit Fragen der Lebensversicherung zu beschäftigen hatte, war Kafka jedoch zu viel, auch weil er dabei kaum zum Schreiben kam. Seit Frühjahr 1908 suchte er deshalb nach Alternativen, zunächst bei der Post (wo Max Brod unter besseren Bedingungen arbeitete), dann, vermittelt über seinen ehemaligen Klassenkameraden Ewald Felix Příbram, bei der **Arbeiter-Unfall-** Arbeiter-Unfallversicherung, wo er im Sommer mit einer Be- **Versicherungs-** werbung Erfolg hatte. Sein Vorgesetzter war der ihm bekann- **Anstalt** te Marschner. Kafka konnte hier mit reduzierter Dienstzeit

Leben

(bis 14 Uhr) arbeiten, was ihm die gewünschte Zeit für die Literatur ließ.

In dieser staatlichen Versicherung mit dem vollen Namen »Arbeiter-Unfall-Versicherungs-Anstalt für das Königreich Böhmen in Prag« arbeitete Kafka vom Sommer 1908 bis zu seiner Frühpensionierung im Juni 1922. Diese Versicherung ging auf die Einführung von Sozialgesetzen im späten 19. Jahrhundert zurück, die auch den Schutz der Arbeiter verlangten. Jedes Unternehmen hatte sich demnach staatlich zu versichern, wobei es in Gefahrenklassen eingestuft wurde, die vom Unfallrisiko abhingen und die Versicherungshöhe diktierten. Nicht selten führte dies zu Versuchen seitens der Unternehmen, die Gefahren möglichst gering erscheinen zu lassen, und damit, wie Kafka rasch erkannte, zu Defiziten der Versicherungsleistung. Zur Einstufung des Versicherungsbetrags wurden die Unternehmen deshalb kontrolliert. Eben dies war Kafkas Aufgabe; ihm wurde das nordböhmische Industriegebiet um Reichenberg zugeordnet. Seine Arbeit bestand damit in der Festlegung von Gefahrenklassen zur Unfallverhütung, wobei er die Interessen der Versicherung sowie der Arbeiter vertrat. In dieser Tätigkeit war Kafka anfangs »Praktikant«, 1910 »Conzipist«, 1913 schließlich »Vizesekretär« mit stetig steigendem Gehalt. Auf diese Karriere war er sehr bedacht und ~~leistete seine Arbeit entsprechend pflichtbewusst~~, wenn er etwa zur Prüfung der Sicherheit bei der Arbeit mit Holzhobelmaschinen (1909), in der Landwirtschaft (1912) und in Steinbruchbetrieben (1914) unterwegs war. Seine Vorgesetzten schätzten dabei zunehmend auch seine Schreibfähigkeit. Mit seiner Ernennung zum »Versicherungsconzipisten« wurde Kafka immer mehr zum »Schriftsteller« der Anstalt, freilich in einem verwaltungstechnischen Sinn. Ein »Schriftsteller« war der »Konzeptsbeamte« insofern, als er zum einen interne Berichte wie Gefahreneinstufungen, zum anderen zur Publikation vorgesehene Texte wie Geschäftsberichte, Abhandlungen und Reden verfasste. Wenn Kafka in seinen amtlichen Schriften, die mehrere hundert Seiten umfassten, eine eigene Formulierungskunst entfaltete, so dennoch nicht als individueller

Karl

Dienstsiegel der Arbeiter-Unfall-Versicherungs-Anstalt

»Schriftsteller« im Dienst

Autor, sondern als anonymer Schreiber eines Verwaltungsapparates. Im Übrigen war eine publizistische ›Karriere‹ unter Versicherungsbeamten nichts Ungewöhnliches. Marschner konnte als Vorbild dienen, dessen Buch über Mutterschaftsversicherung Kafka 1910 rezensierte.

Kafkas wichtigste amtliche Publikationen finden sich in den Geschäftsberichten, die er mit einer Mischung aus Stolz und Herablassung auch Freunden gegenüber erwähnte. Im Jahresbericht 1907 etwa schrieb er über die »Versicherungspflicht der Baugewerbe«, 1908 über die Versicherung von landwirtschaftlichen Maschinenbetrieben sowie über die Automobilversicherung, 1909 über die Sicherheit mit Holzhobelmaschinen, 1910 und 1911 über »Maßnahmen zur Unfallverhütung«, 1912 über Unfallverhütung in der Landwirtschaft, 1913 über »Gewerbliche Unfallverhütung« (wobei er in demselben Jahr auch den »Internationalen Kongreß für Rettungswesen und Unfallverhütung« in Wien besuchte), 1914 über »Unfallverhütung in Steinbruchbetrieben«.

Ein neues Profil erhielt Kafkas Tätigkeit in den Kriegsjahren.

Erster Weltkrieg Zwar nahm Kafka den Ersten Weltkrieg kaum als großes politisches Ereignis wahr, so sehr er dies gerade für Böhmen und das alte Österreich werden sollte; symptomatisch für Kafkas Haltung ist der Tagebucheintrag vom 14. August 1914: »Deutschland hat Rußland den Krieg erklärt – Nachmittag Schwimmschule.« (T, S. 543) Dennoch blieb er nicht ohne Anteilnahme. Im Juni 1915 und erneut ein Jahr später wurde er gemustert, jeweils für tauglich erklärt und zum Landsturmdienst mit der Waffe eingeteilt, auf Antrag der Versicherung jedoch beide Male dem Dienst enthoben. Gleichzeitig stellte sich die Arbeit in der Versicherung auf die Kriegslage um. Schon die Titel von Kafkas amtlichen Schriften aus dieser Zeit zeigen dies: 1915 schrieb er über »Kriegslage und Gefahrenklassen-Einreihung«, 1916 und 1917 über die »Kriegsinvaliden«. Angesichts des bis dahin größten ›Unfalls‹ – des »großen Krieges der weißen Männer« (Arnold Zweig) – wurde die Versicherung seit 1915 mit der »Fürsorge für die heimkehrenden Krieger« betraut. Kafka selbst kümmerte sich vornehmlich um Behandlungsmöglichkeiten für »nerven- und gemütskranke Kriegsversehrte«. Konkret arbeitete er an der Einrichtung einer »Volksnervenheilanstalt in Deutschböhmen« für traumatisierte Kriegsheimkehrer. Der freigestellte Kafka beteiligte sich mit »Aufrufen« an der Einrichtung einer Krieger-Nervenheilanstalt in Frankenstein, wofür er 1918 sogar von der »Staatlichen Landeszentrale zur Fürsorge für heimkehrende Krieger« zur »Auszeichnung wegen Verdiensten auf dem Gebiete der Kriegsbeschädigtenfürsorge« vorgeschlagen wurde. Das Ende der Donaumonarchie verhinderte allerdings diese Auszeichnung des inzwischen an Tuberkulose erkrankten Kafka, der bald selbst nicht nur von Husten, Atemnot und Fieberschüben, sondern auch von einem Nervenzusammenbruch geschüttelt werden sollte.

Dieses amtliche war auch für Kafkas literarisches Schreiben von Bedeutung, allerdings höchst ambivalent: Auf der einen Seite degradierte Kafka seine berufliche Arbeit gegenüber der literarischen, sah beides als unvereinbar. Im Februar 1911 spricht er im Tagebuch gar von einem »schrecklichen Doppelleben«, das ihn physisch wie intellektuell überfordere: tagsüber Versicherungsbeamter, nachts Dichter.

Doppelleben

> »Wie ich heute aus dem Bett steigen wollte bin ich einfach zusammengeklappt. Es hat das einen sehr einfachen Grund, ich bin vollkommen überarbeitet. Nicht durch das Bureau aber durch meine sonstige Arbeit. Das Bureau hat nur dadurch einen unschuldigen Anteil daran, als ich, wenn ich nicht hinmüßte, ruhig für meine Arbeit leben könnte und nicht diese 6 Stunden dort täglich verbringen müßte, die mich besonders Freitag und Samstag, weil ich voll meiner Sachen war gequält haben daß Sie es sich nicht ausdenken können. Schließlich das weiß ich ja ist das nur Geschwätz, schuldig bin ich und das Bureau hat gegen mich die klarsten und berechtigtsten Forderungen. Nur ist es eben für mich ein schreckliches Doppelleben, aus dem es wahrscheinlich nur den Irrsinn als Ausweg gibt.« (Franz Kafka, Tagebuch vom 19. Februar 1911; T, S. 29)

Und an Felice Bauer schreibt er im Dezember 1912: »Manchmal glaube ich fast zu hören, wie ich von dem Schreiben auf der einen Seite und von dem Bureau auf der anderen geradezu zerrieben werde.« (B I, S. 296) Dennoch stehen Literatur und Amt bei Kafka nicht nur gegen-, sondern auch nebeneinander. Das zeigt sich schon quantitativ, indem die Jahre der beruflichen Karriere zugleich Jahre eines immer produktiveren literarischen Schreibens sind: Im Mai 1910 begann Kafka mit Tagebuchaufzeichnungen, im Herbst 1912 entstanden die großen Erzählungen *Das Urteil* (September 1912) und *Die Verwandlung* (November 1912), im Oktober 1914 *In der Strafkolonie*, während er zugleich an den Romanen *Der Verschollene* (September 1912 und August bis Oktober 1914) und *Der Process* (zweite Jahreshälfte 1914 bis Januar 1915) arbeitete. Die Vorstellung eines Schriftstellers, der in nächtlicher Traumarbeit die Hölle seines alltäglichen Bürodaseins genialisch zu jener imaginären, literarischen Unterwelt verarbeitet, ist damit nicht alleine zutreffend. Vielmehr sind bei Kafka amtliches und literarisches Schreiben produktiv miteinander verflochten. So führen zahlreiche, teils offensichtliche, teils kryptische Spuren von den »amtlichen Schriften« und ihrem Unfall- und Versicherungsdiskurs zum literarischen Werk.

Die Verwandlung, vgl. S. 89 ff.
Der Verschollene, vgl. S. 95 ff.
Der Process, vgl. S. 99 ff.

Judentum: Gemeinschaftswille und Gemeinschaftsängste (1909-1917)

Der Beruf ist nicht der einzige Faktor, der zu Kafkas Intensivierung und Professionalisierung des literarischen Schreibens zwischen 1907 und 1917 führt. Deutlich weniger antithetisch und damit positiver tut dies das Judentum. Eine grundsätzliche Haltungsänderung gegenüber dem Judentum spielt für das, was als »Durchbruch« zum Schreiben um 1911/12 bezeichnet werden kann, eine ausschlaggebende Rolle. Literatur und Judentum gehören bei Kafka aufs engste zusammen, und zwar auch darin, dass beide nicht selbstverständlich gegeben sind, sondern in einer Spannung von Erfüllung und Verunmöglichung sich entfalten.

Mit Blick auf das Judentum waren dabei zwei Ereignisse für Kafka – und mit ihm für eine ganze Generation assimilierter deutsch-jüdischer Intellektueller Prags – von elementarer Bedeutung: Die Prager Vorträge des Religionsphilosophen Martin Buber zwischen 1909 und 1913 sowie die Auftritte einer

Martin Buber

jiddischen Schauspielertruppe um 1911/12. Mit Buber, dem führenden Intellektuellen des Kulturzionismus, trafen sich Vertreter des Bar Kochba bereits 1903. Das war der Anfang einer besonderen Prager Karriere des Kulturzionismus, nach dessen Programm die politische durch eine kulturelle Erneuerung des Judentums zu begründen sei. Buber wurde zum Leitbild eines kulturellen Zionismus, versehen mit einem antibürgerlichen Affekt in Nietzsches Sinn. Nach Bubers Auffassung war der Zionismus eine kämpferische Bewegung, die gegen das unoriginelle, unkreative, bürgerlich-assimilierte »Westjudentum« ein vitales, gemeinschaftliches, originäres, durch das ›Blut‹ zusammengehaltenes Judentum setzte, für das ihm das »Ostjudentum« als Modell galt. Eine neue jüdische Kunst und Literatur sollte dies auf ästhetischem Weg begründen. Zur Ikone dieses Programms wurde Buber durch seine Prager *Drei Reden zum Judentum* 1909/10. Sie waren aufstörende Ereignisse für die deutsch-jüdischen Söhne aus assimilierten Häusern Prags – und weit darüber hinaus. Verantwortlich für ihre Organisation war Leo Hermann, der seit 1908 Obmann des Bar Kochba und ab 1910 leitender Redakteur der 1907 gegründeten Wochenschrift *Die Selbstwehr* war, die er zum Organ des Bar Kochba machte. Am 20. Januar 1909 hielt Buber seinen ersten Vortrag mit dem Titel *Der Sinn des Judentums*, der in neuromantisch-nietzscheanischer Geste die »Gemeinschaft des Blutes« als einheitsstiftende »Lebenssubstanz« beschwor. Im April 1910 fand der zweite Vortrag *Das Judentum und die Menschheit* und im Dezember 1910 der dritte *Die Erneuerung des Judentums* statt, den Kafka wohl hörte, nachweislich aber Bubers späteren Prager Vortrag *Mythos der Juden* im Januar 1913. Für die große Wirkung dieser Reden auf die jungen jüdischen Intellektuellen Prags spricht, dass die Bar-Kochba-Gruppe in der Folge weitere zahlreiche zionistische Größen nach Prag einlud, die in ihren Vorträgen den »Untergang der deutschen Juden« (so Felix Theilhaber im Januar 1912) prophezeiten und »Palästina als Kolonisationsland« (so Davis Trietsch im Mai 1912) propagierten. Indem Kafka zahlreiche dieser Vorträge sowie einschlägige Literatur zur Kenntnis nahm, partizipierte er an der

Intensivierung des Diskurses über Judentum und Zionismus in Prag.

Kafkas neue Aufmerksamkeit für das Judentum hatte noch eine weitere Quelle: Von noch größerer, auch persönlicher **Jiddisches** Bedeutung waren die Aufführungen einer jiddischen Thea- **Theater** tergruppe aus Lemberg. Bei ihnen konnte Kafka eben jenes Ostjudentum erfahren, das Buber dem assimilierten West- judentum auf dem Weg zu seiner Erneuerung zum Vorbild erklärt hatte. Diese polnische Thea-

Anzeige der Aufführung des jiddischen Theaterstücks *Der wilde Mensch* von Jakob Gordin im *Prager Tagblatt* am 22. Dezember 1911

tergruppe unter der Leitung von Jizchak Löwy (1887–1942) gastierte zwischen September 1911 und Januar 1912 im Hotel Central sowie im Café Savoy in Prag. Kafka besuchte zahlreiche Vorstellungen dieser Gruppe. Mit Stücken u. a. von Jakob Gordin, Joseph Latteiner, Abraham Goldfaden und Izchak Leib Perez erhielt er einen großen Einblick in das jüngere und jüngste jiddische Theater. Seinen »Wunsch, ein großes jiddisches

Theater« und »die jiddische Litteratur zu kennen« (T, S. 68), löste Kafka zudem mit der *Histoire de la Littérature Judéo-Alle- mande* (1911) von Meyer Isser Pinès ein. Diese wichtige Lektüre kommentierte er im Januar 1912 im Tagebuch geradezu euphorisch: »500 S. und zwar gierig, wie ich es mit solcher Gründlichkeit, Eile und Freude bei ähnlichen Büchern noch niemals getan habe.« (T, S. 360) Deutlich wird, dass Kafkas Interesse an jiddischem Theater und jiddischer Literatur nicht nur historisch, sondern auch persönlich war: Hier versicherte er sich seines eigenen Judentums.

>»Bei den ersten Stücken konnte ich denken, an ein Judentum geraten zu sein, in dem die Anfänge des meinigen ruhen und die sich zu mir hin entwickeln und dadurch in meinem schwerfälligen Judentum mich aufklären und weiterbringen werden.«
>(Franz Kafka, Tagebuch vom 6. Januar 1912; T, S. 349)

Anlässlich des Liederabends einer Schauspielerin dieser Truppe im Oktober 1911 verlieh er seiner Öffnung gegenüber dem Judentum einen geradezu emotionalen Ausdruck: »Bei manchen Liedern, der Ansprache ›jüdische Kinderlach‹, manchem Anblick dieser Frau [Flora Klug, Angehörige des Lemberger Ensembles], die auf dem Podium, weil sie Jüdin ist, und Zuhörer, weil wir Juden sind, an sich zieht, ohne Verlangen oder Neugier nach Christen, ging mir ein Zittern über die Wangen.« (T, S. 59) Bemerkenswert ist auch Kafkas persönliches Engagement für das jiddische Theater. Er befreundete sich mit dem Schauspieler Jizchak Löwy, der ihn in seiner künstlerischen Entschlossenheit tief beeindruckte – Löwy hatte seine Familie für das Theater verlassen –, und lernte weitere Mitglieder des Ensembles kennen, etwa Flora Klug und Amalie Tschisik, für die er ebenfalls Bewunderung zeigte. Er setzte sich für die Schauspieltruppe ein, publizierte am 26. Januar 1912 einen Aufruf zu ihrer Unterstützung in der *Selbstwehr*, organisierte Gastspiele im zionistischen Verein Böhmens sowie einen Rezitationsabend für Löwy im jüdischen Rathaus Prags im Februar 1912, zu dem er einen *Einleitungsvortrag über Jargon* – die jiddische Sprache – hielt. Auch in ihrem öffentlichen Charakter war dieser Vortrag ein Höhepunkt in Kafkas Hinwendung zum Judentum.

Diese aber brachte Kafka in Konflikt mit seinem Vater. Jenem war etwa die Freundschaft seines Sohnes mit Löwy ein Dorn im Auge, wie seine Äußerung anlässlich eines Besuchs des Schauspielers zeigt – »Wer sich mit Hunden zu Bett legt steht mit Wanzen auf« (T, S. 223). Die Ursache dieser Ablehnung sah Kafka darin, dass er sich nun mehr »mit jüdischen Dingen« beschäftigte; im *Brief an den Vater* interpretierte er dessen Abwehr psychoanalytisch. Das »neue Judentum« des jüdischen Sohnes habe dazu geführt, dass »durch meine Vermittlung […] Dir das Judentum abscheulich, jüdische Schriften unlesbar« und »eklig« wurden, und es zeige sich deutlich, dass »Du auf keine Weise« an »die Schwäche Deines Judentums und meiner jüdischen Erziehung […] erinnert werden wolltest« (NSF II, S. 191). Mit dem Judentum, so deutet Kafka weiter, meinte der Vater jedoch letzlich »mein

Konflikt mit dem Vater

Schreiben«. Tatsächlich belegen zunächst die *Tagebücher*, dass mit dem jüdischen zugleich Kafkas schriftstellerisches Selbstbewusstsein wächst. Dies zeigt sich schon daran, dass ein Großteil der im Mai 1910 begonnenen Tagebücher — mehrere hundert Seiten — dem jiddischen Theater gewidmet ist. Nicht zufällig publizierte Brod bereits 1934 Auszüge gerade aus diesem Teil von Kafkas Tagebüchern im *Almanach des Schocken Verlags*.

Das Ostjudentum blieb für Kafka ein wichtiger Orientierungspol. Während des Ersten Weltkriegs engagierte er sich nicht nur für traumatisierte Kriegsheimkehrer, sondern auch für ostjüdische Flüchtlinge, die nach 1914 in großer Zahl in westeuropäische Städte wie Prag und Berlin gelangten. Gleichzeitig richtete Kafka sein Interesse auf ein weiteres Feld ostjüdischer Kultur, das seit Bubers nacherzählten *Geschichten des Rabbi Nachman* (1906) und *Legenden des Baalschem* (1907) zu den Kerngebieten kulturzionistischer Neuentdeckung jüdischer Tradition gehört: die mystische Frömmigkeitsbewegung des Chassidismus. Doch blieb Kafkas Wahrnehmung der religiösen Welt der frommen Ostjuden 1915 / 1916 ambivalent. Das zeigte sich an seinem Interesse an der in Wundergeschichten vermittelten chassidischen Lehre, die er nicht nur durch Buber, sondern auch durch den um 1914 chassidischfromm gewordenen Schriftsteller Georg Langer kennenlernte. Mit Langer und Brod besuchte Kafka zweimal einen ›Wunderrabbiner‹: im September 1915 den Rabbi von Grodeck, der in einem Prager Vorort wohnte, sowie im Juli 1916 den Rabbi von Belz in Marienbad. Kafka begegnete diesem frommen Judentum allerdings mit einer »seltsamen Mischung von Begeisterung, Neugierde, Skepsis, Zustimmung und Ironie« (B, S. 505). Damit stand er an einem ganz anderen Punkt als Langer: »L.[anger] sucht oder ahnt in allem tiefern Sinn, ich glaube, der tiefere Sinn ist der, daß ein solcher fehlt« (B II, S. 180). Kafkas verstärkte Auseinandersetzung mit dem Judentum seit 1910 zeigt sich nicht zuletzt auch an einer intensivierten einschlägigen Lektüre. Dabei standen die journalistischen und literarischen Werke seiner Freunde Brod, Baum und Weltsch an erster Stelle. Wenn insbesondere Brods jüdische Publizistik

Chassidismus

seit 1911 Kafkas Wahrnehmung des Judentums formte, dann auch in einem dialektischen Sinn. Denn Brod war um 1911 viel entschiedener als Kafka vom indifferenten »Nichts der Überlieferung« zu einem affirmativen Judentum gelangt (SL, S. 48 f.). Dabei formulierte er, etwa in dem von Kafka gelesenen Essay *Unsere Literaten und die Gemeinschaft* (1916), eine literarische Programmatik, wonach Literatur im Dienst der jüdischen Gemeinschaft zu stehen habe. In den Romanen *Die Jüdinnen* (1911) und *Arnold Beer* (1912) setzte er diese Auffassung erstmals um. Auch Weltsch und Baum waren für Kafka herausragende Gesprächspartner über das Judentum, Weltsch als Redakteur und (seit 1919) Leiter der *Selbstwehr*, Baum als Schriftsteller, der ebenfalls um 1910 unter dem Eindruck Bubers zu einer Kritik der Assimilation gelangt war und seit 1915 auch in der *Selbstwehr* publizierte. Dieses offizielle Organ des »Jüdischen Studentenvereins Bar Kochba« las Kafka von 1911 an bis zu seinem Tod regelmäßig. Eine Reihe seiner Texte seit der *Betrachtung* (1912) wurden dort rezensiert und gedruckt. Weitere jüdische Zeitschriften gehörten zu Kafkas Lektüre-

Selbstwehr

Erstdruck der Parabel *Vor dem Gesetz* in der jüdischen Wochenschrift *Selbstwehr* am 7. September 1915 zum jüdischen Neujahr

Titel der jüdischen Wochenschrift ›Selbstwehr‹ mit dem am 7. September 1915 am Fuß der zweiten Seite beginnenden Erstdruck der Erzählung ›Vor dem Gesetz‹

pensum: Seit ihrem Erscheinen von 1916 an las er Bubers Monatsschrift *Der Jude*, wobei er auch hier nicht nur Leser, sondern Beiträger war; 1917 erschienen dort die ›Tiergeschichten‹ *Schakale und Araber* und der *Bericht für eine Akademie*. Brod schlug sogar vor, dass Kafka die Redaktion des *Juden* übernehmen sollte, was Kafka allerdings mit einem für ihn charakteristischen Argument ablehnte: »Wie dürfte ich bei meiner grenzenlosen Unkenntnis der Dinge, […] bei dem Mangel jedes festen jüdischen Bodens unter den Füßen an etwas derartiges denken?« (BKB, S. 402) Die Bedeutung dieser breiten jüdischen Lektüre für Kafka zeigt sich beispielhaft an Heinrich Graetz' *Volkstümlicher Geschichte der Juden*, die er im November 1911 »gierig und glücklich zu lesen angefangen« hatte: »ich mußte hie und da einhalten, um durch Ruhe mein Judentum sich sammeln zu lassen.« (T, S. 215)

Bei Kafkas Arbeitsweise, Gelesenes in den Schreibprozess zu integrieren, liegt es auf der Hand, dass diese intensiven Lektüren sein literarisches Schreiben mitbestimmten. Das bedeutet nicht, dass Kafka auf diesem Weg zu einem gesicherten und affirmativen Judentum gelangte. Vielmehr zeichnet sich auch seine literarische Interpretation des Judentums durch eine unhintergehbare Ambivalenz aus: Auf der einen Seite greift er in seinen literarischen Texten zentrale Bilder, Begriffe und Denkfiguren des aktuellen jüdischen Diskurses auf. Auf der anderen Seite tut er dies jedoch stets indirekt und gleichnishaft verschoben. Damit erzeugt er eine ferne Nähe zum Judentum, die zwar die Assimilationskultur der Väter überwinden will (wofür die 1917 entstandene Erzählung *Ein Bericht für eine Akademie* ein hervorragendes Beispiel ist), dennoch eine Entscheidung für die neue »jüdische Gemeinschaft«, wie sie Brod für »unsere Literaten« fordert, nicht erreichen kann. Kafkas Judentum muss so gegenüber den festen Positionen von Assimilation und Zionismus als ein unsicheres und zugleich verunsicherndes Drittes erscheinen.

›Tiergeschichten‹

Ferne Nähe zum Judentum

Ehe: Verlobungen und Entlobungen (1912-1917)

Wenn Kafka sein Leben zwischen 1907 und 1917 mit den elementaren Faktoren eines bürgerlichen Daseins – Familie, Literatur, Beruf und Judentum – auf komplexe Weise einzurichten versucht, so gehört dazu auch der für ihn schwierigste Part: die Ehe. Dieses Projekt bedeutet ihm die ans Unmögliche reichende Anstrengung, die Erwartungen eines bürgerlichen Lebens zu erfüllen, ein Projekt, mit dem er nach eigener Einschätzung im *Brief an den Vater* geradezu »großartig« scheitert. Die »übermenschlichen Anstrengungen des Heiraten-Wollens« (NSF II, S. 195) sind in der Ambivalenz noch radikaler als die jüdischen Kraftanstrengungen. Insbesondere das zweimalige Verloben und Entloben mit Felice Bauer zwischen 1912 und 1917 zeigt Kafkas verzweifelten Kampf zwischen dem Wunsch nach Ehe und gleichzeitiger Angst davor. Bestätigt wird bei diesem »großartigen« Scheitern am Ende nur eines: die Literatur.

Die Geschichte von Kafkas Frauenbeziehungen hat ihren Anfang bei der platonischen Urlaubsliebe zu der 17-jährigen Selma Kohn im Sommer 1900, der Kafka an der Moldau aus Nietzsches *Zarathustra* vorlas. Drei Jahre später verbrachte der 20-Jährige seine erste Liebesnacht in einem Hotelzimmer mit einem »Ladenmädchen« aus der Nachbarschaft. Weitere sexuelle Urlaubsabenteuer folgten: im Sommer 1903 in Salesel an der Elbe, ein Jahr später in einem Sanatorium in Zuckmantel mit einer älteren Frau. Im Sommer 1907 verliebte er sich während des Ferienaufenthalts bei Siegfried Löwy in Triesch in die 19-jährige Wienerin Hedwig Weiler, die Kafka Brod gegenüber als »hässlich« beschreibt, um dann gerade darin das besonders Anziehende auszumachen – ein dialektisches Muster von Distanz und Nähe, das Kafka nach dem Urlaub in Briefen an sie weiterführte und später auch seine Wahrnehmung von Felice Bauer leiten sollte. Diesem wiederum wenig erotischen Verhältnis zu Weiler standen die sexuellen Erfahrungen entgegen, die Kafka wie Brod seit etwa 1907 in den Prager Nachtlokalen und Bordellen machten, darunter die mit der 22-jährigen Kellnerin Juliane Szokoll, mit der Kafka eine Affäre von einigen Monaten einging, wobei er seine

Selma Kohn

Hedwig Weiler

Juliane Szokoll

sexuellen Erfahrungen höchst ambivalent mit Lust und Ekel beschreibt.

Um einen Heiratsplan ging es bei diesen teils platonischen, teils sexuellen Beziehungen freilich nicht. Dieses große Vorhaben wollte Kafka erst mit der jungen Berliner Geschäftsfrau Felice Bauer umsetzen. Kafka lernte sie am 13. August 1912 bei Brod kennen und begann mit ihr kurz darauf einen intensiven Briefwechsel, der binnen zwei Jahren zum Plan einer Ehe führte. Zunächst hatte sie auf ihn den Eindruck eines »Dienstmädchens« (T, S. 431) gemacht; einige Tage nach ihrer ersten Begegnung beschrieb er sie betont unerotisch: »Knochiges leeres Gesicht, das seine Leere offen trug. Freier Hals. Überworfene Bluse. Sah ganz häuslich angezogen aus, trotzdem sie es, wie sich später zeigte, gar nicht war. [...] Fast zerbrochene Nase. Blondes, etwas steifes, reizloses Haar, starkes Kinn. Während ich mich setzte, sah ich sie zum erstenmal genauer an, als ich saß, hatte ich schon ein unerschütterliches Urteil.« (T, S. 432) Die so Beschriebene ist eine ausgebildete Stenotypistin, die bei ihren Eltern – assimilierte Juden aus Wien – in Berlin-Charlottenburg lebt und seit 1909 im Vertrieb für Parlographen (Diktiergeräte) bei der Firma Carl Lindström arbeitet.

Die Ehe war freilich am 13. August 1912 noch nicht Thema, vielmehr stand an diesem Abend Literatur und Judentum im Mittelpunkt: Eigentlich wollten Brod und Kafka die Stücke der *Betrachtung* ordnen, woran sich nun Felice unerwartet mit Vorschlägen beteiligte. Zudem regte Kafka ein Gespräch über das jiddische Theater und über Palästina an. Dabei ließ sich Kafka zum kühnen Versprechen per Handschlag einer gemeinsamen Palästinareise verleiten. Was für Kafkas neu entdecktes Judentum allerdings ein hochtrabender Plan war, lag bei Felice Bauer ebenso nahe wie bei Brod, verstand sie sich doch, die gerade Hebräisch lernte, dezidiert als Zionistin.

Dieser Abend war für Kafka folgenreich, auch wenn es ganze sieben Monate dauern sollte, bis sich die beiden wiedersahen. Auf das erste Treffen folgte ein fünfjähriges Beziehungsdrama, das sich über weite Strecken im Medium des Briefes abspielte. Fünf Wochen nach dem Abend bei Brod wendete sich Kafka

Felice Bauer

mit einer Geste an Felice Bauer, die bezeichnend für die Rolle war, die er im Folgenden einnahm: die der Selbsterniedrigung. Dabei nahm Kafka zwar die »Palästinareise« (B I, S. 170) zum Anlass, doch ging es ihm weniger um Zion als um die junge Berlinerin. Kafka steigerte das Intervall der nun folgenden Briefe rasch von täglich einem Brief (ab Ende Oktober) auf zwei Briefe (Ende November), während er gleichzeitig die Anrede von »Gnädiges Fräulein« über »Liebes Fräulein Felice« bis hin zu »Liebste« veränderte. Seine Briefe sind gekennzeichnet von einem höchst widersprüchlichen Schwanken zwischen Zudringlichkeit und Distanznahme. Schon im zweiten Brief vom 28. September 1912 beschwor er diesen Widerspruch selbstkritisch als pathologisch: »Was für Launen halten mich, Fräulein! Ein Regen von Nervositäten geht ununterbrochen auf mich herunter. Was ich jetzt will, will ich nächstens nicht.« (B I, S. 174) »Nervosität« erweist sich als Form der wesentlich durch Kafka vorangetriebenen Beziehungsdynamik, die sich auch durch die Medialisierung im imaginären Raum eines geradezu rauschhaften Briefverkehrs entfaltet. Nach gut zweimonatigem Briefverkehr mutmaßte Kafka, dass die so ins Leben gerufene Intimität vielleicht nur »ein süßer Irrsinn« (B I, S. 279) sei, ein Wahn und Traumbild von Verliebtheit, im Zuge dessen die Geliebte erfunden wird, reale Präsenz jedoch ausbleibt.

Selbsterniedrigung

»Wir peitschen einander mit diesen häufigen Briefen. Gegenwart wird ja dadurch nicht erzeugt, aber ein Zwitter zwischen Gegenwart und Entfernung, der unerträglich ist.« (Franz Kafka an Felice Bauer, 28. November 1912; B I, S. 279)

Dieses Heer an Briefen erzeugt nicht nur ein Trugbild der Beziehung, sondern auch ein Rollen- und Maskenspiel. Kafka gab sich abwechselnd als selbstquälerischer Neurotiker und zudringlicher Charmeur. Die Erniedrigung des Selbst und komplementär dazu die Erhöhung der Geliebten dienen gleichermaßen dazu, die Beziehung im schwebenden Raum eines stets aufgeschobenen, nie erfüllten Begehrens zu halten.

Einer solchen Konstruktion ist die reale Präsenz des Gegenübers höchste Herausforderung, ja Krise. Sie stellte sich auch ein, als Kafka Mitte März 1913 mit dem Vorschlag vorpreschte, nach Berlin zu kommen. Allerdings war er nicht wirklich in der Lage, das Spiel auf den Boden der Realität zu holen. Vielmehr fiel er sogleich in das etablierte Muster zurück, indem er Felices positive Antwort mit Bedenken parierte, um dann doch – »noch immer unentschieden« (B I, S. 143) – um Ostern 1913 nach Berlin zu reisen. Das Treffen am Ostersonntag, dem 23. März, war dann entsprechend ernüchternd, als Kafka feststellen musste, dass die reale von der brieflichen Felice deutlich abwich. Der Blick »in das wirkliche, menschliche« zeigt ihm ein »notwendig fehlerhaftes Gesicht« (B II, S. 147). Kafka spielte mit dieser »unerträglichen« Spannung »zwischen Gegenwart und Entfernung« jedoch ein doppeltes Spiel. Indem er die Briefbeziehung auf den Boden der Wirklichkeit bringen wollte, bedrohte er sie zugleich.

Diese Dynamik spitzt sich in der Folge zu. Zunächst fuhr Kafka am 11./12. Mai 1913 erneut nach Berlin, um sich ihrer Familie vorzustellen und so der Beziehung aus der notorischen »Unentschlossenheit« (B II, S. 205) zu verhelfen. Die Folge dieser Entscheidung war ein psychischer Druck, den er – seine üblichen Krisensymptome – in Kopfschmerzen und Schlaflosigkeit somatisierte. Diese versuchte er durch Bewegung im Freien zu lindern, und Mitte Juni schließlich durch eine Flucht nach vorn, die von Felice allerdings auch eingefordert worden war. Sie wollte endlich etwas »offen und ehrlich« aus Prag hören: den Heiratsantrag. Doch schon die Formulierung des Antrags folgte der alten Logik: Kafka bezeichnete die Frage »ob Du meine Frau werden willst? Willst Du das?« (B II, S. 208) nicht nur als »verbrecherisch«, sondern er nötigte Felice durch einen Kommentar quasi zur Ablehnung, indem er sich selbst desavouierte – »Ich bin ja nichts, gar nichts« – und daraus folgerte, dass sich ihr »ein ›Ja‹ aufs strengste« (B II, S. 212) verbiete. Felice jedoch ignorierte diese Selbstdestruktion und nahm den Antrag an.

Heiratsantrag

»Du willst also trotz allem das Kreuz auf dich nehmen, Felice?« (Franz Kafka an Felice Bauer, 1. Juli 1913; B II, S. 226)

Kafka konnte vorerst nicht zurück: Förmlich hielt er bei Felices Vater Carl Bauer um ihre Hand an, was dieser Ende August guthieß. Darauf folgte ein brieflicher Rückzugsversuch, bei dem sich Kafka als »schweigsam, ungesellig, verdrossen, eigennützig, hypochondrisch und tatsächlich kränklich« (B II,

Leben

S. 271 f.) erneut desavouierte – doch übermittelte Felice diesen Brief nicht wie gewünscht an ihren Vater.

Die durch Kafkas Verhalten verletzte Felice intervenierte nun über ihre Freundin Grete Bloch, die Ende Oktober 1913 nach **Grete Bloch** Prag reiste, um Kafkas Entschiedenheit zu testen und zu befördern. Das erreichte sie schließlich auch, doch kam es bei Kafka zugleich zu einer emotionalen Übertragung, indem die Vermittlerin zur heimlichen Geliebten jenseits des Ehezwangs wurde. Die immer neuen Selbstzweifel an seiner Ehefähigkeit wollte Kafka nun selbst mit Besuchen in Berlin ausräumen, zuerst im Februar 1914, dann um Ostern des

> »Ich muß mich aus meinem gegenwärtigen Leben herausreißen entweder durch die Heirat mit Dir oder durch Kündigung und Abreise.« (Franz Kafka an Felice Bauer, 25. März 1914; B II, S. 368)

gleichen Jahres zur konkreten Planung der Verlobung, die Pfingsten stattfinden sollte. Tatsächlich wurde die Verlobung in Berlin und Prag angezeigt. Anfang Mai fuhr Felice nach Prag, um nach einer gemeinsamen Wohnung zu suchen, während Kafka Ende Mai in Begleitung seines Vaters zur offiziellen Verlobungsfeier nach Berlin reiste.

Auf die Verlobung folgten unweigerlich selbstquälerische Eheängste, die Kafka allerdings nur Grete Bloch gegenüber äußerte, während er Felice in Sicherheit wog. Das führte zu einem Eklat, als Grete Bloch ihre Freundin über Kafkas Doppelspiel informierte. Auf Initiative Felices kam es deshalb am 12. Juli 1914 zu einer gerichtsähnlichen Aussprache im Aska- **Aussprache im** nischen Hof in Berlin. Felice hatte Grete Bloch sowie ihre **Askanischen Hof** Schwester Erna gleichsam als ›Verteidiger‹ mit einbestellt, während Kafkas ›Anwalt‹ Ernst Weiß, der ihn seit 1913 in dieser Beziehungsfrage beriet, bei dem Treffen nicht zugegen war. Das Ergebnis dieser Aussprache, die Elias Canetti in seiner romanhaften Darstellung in *Der andere Prozeß* (1969) als Schlüsselereignis des entstehenden *Process*-Romans wertet, war die Auflösung der Verlobung.

Ein halbes Jahr stand die Kommunikation zwischen Prag und Berlin still, bis sich Felice mit Bedauern über die Konfrontation meldete. Im Januar 1915 trafen sie sich unter erschwerten politischen Bedingungen – inzwischen war der Krieg ausgebrochen – an der Grenze zwischen Österreich und Deutsch-

Die Braut: Mit Felice Bauer, das Verlobungsphoto in Budapest Anfang
Juli 1917

land. Im Hotel kam es allerdings nicht, wie Felice erhofft hatte, zu einer physischen, sondern zu einer literarischen Annäherung: Kafka las ihr aus dem *Process* vor. In einem gemeinsamen Urlaub im Juli 1916 in Marienbad entstand dann aber offenbar die bisher unerfahrene Nähe, wie Kafka im Tagebuch notiert: »Mit F. war ich nur in Briefen vertraut, menschlich erst seit 2 Tagen.« (T, S. 795) Gleichzeitig brach er mit Ernst Weiß, der ihm von einer erneuten Annäherung an Felice abgeraten hatte. Obwohl diese Nähe Kafka wieder in größte Nöte brachte – die Symptome Schlaflosigkeit und Kopfschmerzen steigerten sich ins Unerträgliche, ein Nervenarzt diagnostizierte gar eine »Herzneurose« –, faßten die beiden im Frühjahr 1917 den Plan, nach dem Krieg zu heiraten, wobei nun nicht Felice nach Prag, sondern Kafka nach Berlin ziehen sollte. Im Sommer fand die zweite Verlobung in Prag statt, gefolgt von einer gemeinsamen Reise nach Budapest. Dass Kafka auf der Rückfahrt, die er ohne Felice antrat, ausgerechnet auf den anarchistischen Psychoanalytiker Otto Gross und den gleichgesinnten Journalisten Anton Kuh traf, erscheint wie eine ironische Anspielung auf den Eheplan: Von Nietzsche, Bachofen und Freud her argumentierend, wiesen die beiden die Ehe und mit ihr jegliche vaterrechtliche Moral- und Machtstrukturen zurück. Bei einem Treffen tags darauf mit Gross, Kuh, Brod und Werfel zeigte sich Kafka beeindruckt von deren Plan, eine Zeitschrift mit dem Titel *Blätter zur Bekämpfung des Machtwillens* zu gründen. Handfeste Argumente gegen die Ehe konnte Kafka hier jedenfalls zur Genüge finden.

Zweite Verlobung

Doch nicht solche ideologische Entschiedenheit, sondern der Ausbruch seiner Krankheit – der Tuberkulose – führte Kafka im August 1917 dazu, auch die zweite Verlobung zu lösen. Schon bei Felices Besuch in Zürau, wo Kafka den Herbst und Winter 1917/18 auf dem Bauernhof seiner Schwester Ottla verbrachte, gab er sich distanziert. Bei Felices neuerlichem Besuch in Prag um Weihnachten rang er sich zu einer Entscheidung durch und verkündete, dass er sich in seinem Gesundheitszustand nicht mehr in der Lage für eine Ehe sehe. Damit nahm ihm die Krankheit – auf willkommene Weise – die Verantwortung für eine Entscheidung ab.

Krankheit und Literatur: Das Bündnis gegen Familie, Ehe, Beruf (1917-1922)

Dass sich die Krankheit gleichsam *mit* der Literatur *gegen* Beruf und Ehe verbündet, ist freilich eine Interpretation Kafkas, eine Interpretation auch aus Verzweiflung. Sie ist Sinngebung des Sinnlosen, Deutung dessen, was als undeutbar erscheinen muss. Undeutbar sind die Symptome der Krankheit schon insofern, als sie Kafka – ansonsten höchst aufmerksam gegenüber seinem Körper – zunächst kaum wahrnahm. Wenige Wochen nach der zweiten Verlobung hustete er wiederholt Blut, ohne sich sonderlich darum zu kümmern, mehr noch: er »vergaß es gleich«, wie er später an Milena schreibt. Und er war immer noch nicht alarmiert, als das Blut in der Nacht vom 13. August 1917 für ganze zehn Minuten floss – schlief er doch unmittelbar nach diesem Blutsturz besser, länger, ruhiger als lange zuvor.

Dennoch suchte Kafka am nächsten Tag den Hausarzt auf, der einen Bronchialkatarrh, nach der Wiederholung des Blutsturzes in der folgenden Nacht einen Lungenspitzenkatarrh diagnostizierte. Erst drei Wochen später konsultierte er auf Brods Rat den Lungenspezialisten Professor Pick, der die Diagnose präzisierte: Tuberkulose beider Lungenspitzen. Die Tragweite dieser Diagnose war Kafka allerdings rasch bewusst; die Sterberate dieser Krankheit war vor der Epoche des Penicillins hoch. Dass sich hinter dem »großen Rücken« des Arztes der »Todesengel« verbergen könnte, erahnte Kafka ohne jeden »Schrecken«, wie er am 23. September 1917 an Felix Weltsch schreibt (B III, S. 327). Auch gegenüber Felice äußerte er das Bewusstsein der Unüberwindbarkeit dieser Krankheit, »weil es keine Tuberkulose ist, die man in den Liegestuhl legt und gesund pflegt, sondern eine Waffe, deren äußerste Notwendigkeit bleibt, so lange ich am Leben bleibe. Und beide können nicht am Leben bleiben.« (B III, S. 334) Wenn er dieser Krankheit dennoch einen Sinn abringen konnte, dann nicht etwa einen negativen, sondern einen positiven: Hilfe. Abhilfe leistet die Krankheit nach Kafka nicht nur bei der unerträglichen fünfjährigen Unentschiedenheit mit Felice. Sie verspricht auch Abhilfe in der Konkurrenz zwischen Büro und

Tuberkulose

Literatur. Unmittelbar nach der Diagnose, am 6. September, sprach Kafka in der Versicherung vor, um die Möglichkeit einer Frühpensionierung zu erörtern, während er gleichzeitig seine selbständige Wohnung im Schönborn-Palais, die er seit sieben Monaten gemietet hatte, aufgab und zu seinen Eltern an den Altstädter-Ring zurückkehrte. Damit erwirkte die Krankheit eine Art Regression, ein Zurückweichen vor den Forderungen des bürgerlichen Erwachsenenlebens mit Ehe und Beruf – nach Kafkas Hoffnung – zugunsten der Literatur. Zur Frühpensionierung kam es zwar erst im Juni 1922, doch erlaubte ihm die Versicherung bis dahin wiederholte mehrmonatige Freistellungen.

Eine erste Freistellung zwischen Mitte September 1917 und April 1918 verbrachte Kafka bei seiner Schwester Ottla im nordböhmischen Zürau, wo diese kurz zuvor – auf der Flucht vor dem Elternhaus und der Arbeit im väterlichen Geschäft – ein Landgut übernommen hatte. Der lungenkranke Städter Kafka folgte seiner Schwester freilich auch mit der Hoffnung auf Heilung durch das ländliche Leben. In der Tat blieb er trotz des strengen Winters ohne größere Symptome, während er die Krankheit allerdings nicht weniger katastrophisch interpretierte: als »meinen allgemeinen Bankrott« (B III, S. 334). Als Bankrott des Eheplans galt sie Kafka allemal, wogegen er mit Ottla gewissermaßen »in kleiner guter Ehe« lebte, wie er Brod schrieb: »Ehe nicht auf Grund des üblichen gewaltsamen Stromschlusses, sondern des mit kleinen Windungen geradeaus Hinströmens« (B III, S. 324).

Während er nur wenig Besuch aus Prag erhielt – es kamen einzig Brod, sein Vorgesetzter, seine Sekretärin –, erlaubte ihm die Krankheit zunächst Freiheit, darunter Lektüre im Freien, eingehüllt in Decken. Charles Dickens, Carl Sternheim, Leo

Zürau

Mit der »Lieblingsschwester« Ottla vor dem Oppelthaus in Prag, wo die Kafkas seit November 1913 wohnen, ca. 1914

Tolstoi standen auf dem Plan, ebenso Arthur Schopenhauer und insbesondere Søren Kierkegaard. In dessen Antagonismus von ästhetischer und ethischer Existenz fand Kafka eine Erklärung seiner Konkurrenzstellung von Literatur und Ehe. In den allerdings nur wenigen schriftstellerischen Arbeiten, die in Zürau entstanden, vor allem Notizen und Aphorismen, die auch das von November 1917 bis Juni 1919 unterbrochene Tagebuchschreiben ersetzten, hat diese Lektüre Spuren hinterlassen. Metaphysische Fragen nach Sein, Wahrheit, Tod, Sünde und Erlösung stehen im Blick. Entgegen der klassischen Metaphysik verspricht sich Kafka allerdings keinen optimistischen Ausweg: Das Sein strebt vielmehr zum Tode; es ist »ein nach letztem Atem, nach Ersticken verlangendes Sein« (NSF II, S. 120), die Wahrheit bleibt von der Lüge bestimmt, und der Messias kommt nicht am letzten Tag; er wird »erst kommen, wenn er nicht mehr nötig sein wird, er wird erst nach seiner Ankunft kommen« (NSF II, S. 57). Kierkegaard und Schopenhauer überbietend, gelangte Kafka zu einer Metaphysik des Negativen, die nichts mehr als gegeben belässt.

> »Ich habe [...] das Negative meiner Zeit, [...] die ich [...] gewissermaßen zu vertreten das Recht habe, kräftig aufgenommen, an dem geringen Positiven [...] hatte ich keinen ererbten Anteil. Ich bin nicht von der allerdings schon schwer sinkenden Hand des Christentums ins Leben geführt worden wie Kierkegaard und habe nicht den letzten Zipfel des davonfliegenden jüdischen Gebetmantels noch gefangen wie die Zionisten. Ich bin Ende oder Anfang«. (Franz Kafka, Oktavheft H, Januar bis Mai 1918; NSF II, S. 98)

Als Kafka Ende April 1918 nach Prag zurückkehrte, um im Mai die Arbeit bei der Versicherung wieder aufzunehmen, kam er in ein politisch verändertes Umfeld: Die Forderung eines eigenen tschechischen Staates stand kurz vor der Erfüllung, die alte Donaumonarchie vor dem Zusammenbruch. Anfang Oktober bildeten die Sozialdemokraten und Edvard Beneš eine Exilregierung in Paris, Ende des Monats wurde in Prag die neue Republik ausgerufen, am 11. November löste

Kaiser Karl die Kronländer vom Treueid. Aus der alten böhmischen Provinz wurde die junge tschechoslowakische Republik, in der nicht mehr Deutsch, sondern Tschechisch die Amtssprache war und der kein Kaiser mehr vorstand, sondern mit Tomáš Masaryk ein intellektueller Sozialdemokrat.

Kafka schien von diesen elementaren politischen Veränderungen wenig betroffen. Das ist teils darauf zurückzuführen, dass er in den Wochen der politischen Veränderungen mit der für ihn lebensgefährlichen Spanischen Grippe mit hohem Fieber im Bett lag, die er im Dezember in der Pension Stüdl in Schelesen in Nordböhmen auskurierte. Wenig betroffen war Kafka aber auch insofern, als er bei der Umstrukturierung der Versicherungsanstalt zu einer tschechoslowakischen Einrichtung von einer Entlassung verschont blieb – im Gegensatz zu zahlreichen seiner deutschen Kollegen. Das verdankte er zum einen seiner Kenntnis der tschechischen Sprache, in der fortan die amtlichen Schriften abzufassen waren, zum anderen dem Respekt der Versicherungsleitung ihm gegenüber. In der Folge stand sie stets hinter ihm, etwa als er von Ende Januar bis Ende März 1919 erneut krankheitshalber viele Wochen fehlte – er fuhr wieder nach Schelesen – und gleichzeitig eine Gehaltserhöhung beantragte. Anfang 1920 wurde Kafka durch den neuen tschechischen Vorstand sogar in den Rang des Sekretärs befördert, der den juristischen Schriftverkehr der Anstalt zu koordinieren hatte. Drei Elemente zeichnen Kafkas letzte Berufsjahre bis 1922 aus: der intervallartige Wechsel von Arbeit und Freistellung, neue Beziehungen und die weitgehende Abstinenz vom Schreiben.

Schelesen brachte in der Tat keine Heilung. Neue Erholungsurlaube drängten sich auch nach dem Wiedereintritt in den Dienst im April 1919 auf. Der Arzt der Versicherungsanstalt Dr. Kodym verordnete bald einen neuerlichen dreimonatigen Urlaub, den Kafka von Anfang April bis Anfang Juli 1920 im milden Klima Merans verbrachte. Nach einem weiteren Gutachten desselben Arztes im Oktober, das die fortschreitende Infiltration der Lungenflügel diagnostizierte, beantragte Kafka erneut Beurlaubung, die zunächst von Mitte Dezember 1920 bis Mitte März 1921 in einem Sanatorium in Matliary in der Hohen Tatra (Slowakei) geplant war, dann aber auf dringendes Anraten des dortigen Arztes um insgesamt fünf Monate bis Ende August verlängert wurde, da sich keine Besserung abzeichnete. Ende August wurde ihm dann doch eine solche bescheinigt, und so nahm er den Dienst in der Versicherung nach über acht Monaten wieder auf. Doch schon nach zwei Monaten zweifelte Dr. Kodym die Möglichkeit einer »vollständigen Heilung« an und empfahl mehr als nur neuerlichen Urlaub, denn er fragte sich, »ob nicht eine Pensionierung sowohl für den Kranken als auch für die Anstalt vorteilhafter wäre« (AS 1984, S. 438). Kafka wurde jedoch nur von Ende Oktober bis Ende Januar 1922 beurlaubt. Gestützt auf ärztliche Gutachten verlängerte die Versicherungsanstalt aber auch diese Beurlaubung bis Ende April, die er zunächst zwei Wochen in Spindelmühle im Riesengebirge verbrachte, ab Mitte Februar in Prag. Zwar wurde Kafka in Abwesenheit

im Februar 1922 mit neuen Gehaltsaussichten zum Obersekretär befördert, doch sollte er nicht wieder in den Dienst eintreten. Kafkas Arbeitsunfähigkeit wurde – durch Dr. Kodym immer wieder bescheinigt – mehrfach verlängert, bis Anfang Juni die Entfristung der Freistellung folgte. Am 1. Juli, kurz vor Kafkas 39. Geburtstag, trat sie mit einer jährlichen Pension von 10608 Kronen in Kraft. Damit hatte die Krankheit zuerst den Versicherungsbeamten Kafka besiegt.

Dieser stete Wechsel zwischen Prag und verschiedenen Pensionen und Sanatorien hatte für Kafka wesentliche soziale Komponenten. Auf der einen Seite zog er sich zunehmend aus dem gesellschaftlichen Leben Prags zurück. Auf der anderen Seite ergaben sich im Kontext einer auch durch Langeweile, Einsamkeit, Selbstbeobachtung und Melancholie geprägten Atmosphäre in den Sanatorien neue Bekanntschaften und Freundschaften. Zu den wenigen Wintergästen der Pension Stüdl in Schelesen nördlich von Prag gehörte neben Kafka eine ebenfalls lungenkranke junge tschechische Jüdin namens

Julie Wohryzek, Tochter eines Schammes (Gemeindedieners) der Prager Vorortsynagoge in Weinberg, die – wie Felice – eine zionistisch interessierte Büroangestellte war. Kafka charakterisiert das »junge Mädchen« in einem Brief an Brod vom Februar 1919 als eine »erstaunliche Erscheinung: »Nicht Jüdin und nicht Nicht-Jüdin, nicht Deutsche, nicht Nicht-Deutsche, verliebt in das Kino, in Operetten und Lustspiele, in Puder und Schleier, Besitzerin einer unerschöpflichen und unaufhaltbaren Menge der frechsten Jargonausdrücke, im ganzen sehr unwissend, mehr lustig als traurig – so etwa ist sie.« (B, S. 252) Auf ihre intellektuellen Fähigkeiten hielt er wenig, dafür aber viel auf ihre Verbindung von Humor und Melancholie – und darauf, dass er mit ihr im folgenden Sommer in Prag eine Beziehung fortsetzen konnte, in der er die Angst vor dem Eros überwand. Kafka sah sich sogar zu einem neuerlichen Eheversuch bereit. Mitte September 1919 verlobten sich die beiden in Prag, Ende Oktober beantragten sie die Hochzeit im Standesamt, die Anfang November stattfinden sollte. Doch in den Augen von Kafkas Freunden und Verwandten, insbesondere seines Vaters, war diese junge Frau ›eine schlechte Partie‹. Die grobe Reaktion des Vaters führt zum Tiefpunkt der Beziehung – Kafka spricht von »Feindschaft« – und ist auch ein Auslöser des Mitte November entstehenden *Briefs an den Vater*, in dem der 36-Jährige seine tiefe Demütigung durch den Vater offen ausspricht, der ihm vorhält, sich von einer »ausgesuchten Bluse« zur Heirat »einer Beliebigen« verleiten zu lassen (NSF II, S. 205). Diese verletzende Intervention des Vaters war wohl durch die einfachen Verhältnisse der Familie Wohryzek begründet. Aber nicht nur deswegen scheiterte auch dieser Eheplan, sondern wegen Bedenken Kafkas: seiner neuerlichen Eheangst, die wieder von massiven somatischen Erscheinungen wie Schlaflosigkeit begleitet wurde.

Erneuter Eheversuch

Zwar konnte sich Kafka ein gemeinsames eheloses Leben mit Julie Wohryzek vorstellen. Doch kam es dazu nicht. Nach längerem Zögern beendete er die Beziehung am 6. Juli 1920. Ein Anlass dafür war auch, dass er Anfang April, nunmehr aus seinem Meraner Erholungsurlaub zurückgekehrt, mit einer 23-jährigen verheirateten tschechischen Journalistin und Übersetzerin in briefliche Verbindung getreten war: Milena Pollak, geborene Jesenská. Sie hatte sich zuvor mit der Bitte an Kafka gewandt, den *Heizer* ins Tschechische übersetzen

zu dürfen. Anfang März kam es in Prag im Café Arco zu einem Treffen mit der verheirateten jungen Boheme-Intellektuellen, die seit kurzem für die tschechische Zeitschrift *Tribuna* Essays und Übersetzungen schrieb. Am 22. April erschien dort der *Heizer*; im September folgten Stücke aus der *Betrachtung* und der *Bericht für eine Akademie*. Kafka war von ihr beeindruckt, wendete sich aber nur mit Zögern an sie. Allerdings war er von Meran aus wenig zurückhaltend. Schon im ersten Brief schlug er ihr vor, ihn dort zu besuchen. Der Briefwechsel wurde rasch persönlich, vertraulich, intim. Seinen Aufenthalt in Meran

Milena Jesenská, Kafkas tschechische Übersetzerin und verheiratete Freundin von 1920/21

beschloss Kafka dann mit einem Besuch in Wien. Aus Angst vor einer Begegnung mit ihrem Mann hielten sich Kafka und Milena in der Wiener Vorstadt auf. Gerade in dieser symptomatischen Randlage ermöglichten die vier Wiener Tage um Kafkas 37. Geburtstag eine große, auch physische Nähe.

Da Milena ihren Mann über das Verhältnis inzwischen informiert hatte, wollte Kafka nicht nochmals nach Wien kommen. Stattdessen schlug er ihr ein Treffen in neuer Randlage im österreichisch-tschechoslowakischen Grenzort Gmünd

> »Was seine Angst ist, das weiß ich bis in den letzten Nerv [...] Ich habe seine Angst eher gekannt, als ich ihn gekannt habe. [...] In den vier Tagen, in denen Frank [!] neben mir war, hat er sie verloren. Wir haben über sie gelacht. Ich weiß gewiß, daß es keinem Sanatorium gelingen wird, ihn zu heilen. Er wird nie gesund werden, Max, solange er diese Angst haben wird. [...] Diese Angst bezieht sich nicht nur auf mich, sondern auf alles, was schamlos lebt, auch beispielsweise auf das Fleisch. Das Fleisch ist zu enthüllt, er erträgt nicht, es zu sehen. Das also habe ich damals zu beseitigen vermocht.« (Milena Jesenská an Max Brod, Januar/Februar 1921; M, S. 370)

vor, wo sie Mitte August im Bahnhofshotel weilten. Wenn Willy Haas die Briefe an Milena nicht nur einen »Liebesroman« nennt, sondern auch eine »Orgie an Selbstzerfleischung und Erniedrigung«, so trifft dies für die nun folgende Phase zu, in der in immer komplizierter werdenden Briefen Kafkas Beziehungsangst zurückkehrte, zumal nun Milena mithilfe von Freundinnen zu intervenieren versuchte. Im September gelangte Kafka zur Gewissheit: »Es gibt wenig sicheres, aber das gehört dazu, daß wir niemals zusammenleben werden, in gemeinsamer Wohnung, Körper an Körper, bei gemeinsamem Tisch, niemals, nicht einmal in der gleichen Stadt.« (M, S. 276) Ende 1920 wollte er dem Briefverkehr, der zu nichts da sei, »als Missverständnisse, Schande, fast unvergängliche Schande hervorzubringen« (M, S. 299), ein Ende bereiten.

> »[...] diese Briefe sind doch nur Qual, kommen aus Qual, unheilbarer, machen nur Qual, unheilbare.« (Franz Kafka an Milena Jesenská, November 1920; M, S. 301)

Dennoch blieben Kafka und Milena in Kontakt. Von nachhaltigem Vertrauen zeugt, dass sie sich weiterhin trafen und er ihr wiederholt Manuskripte anvertraute: nach dem *Brief an den Vater* Ende 1919 Tagebücher sowie das Manuskript des *Verschollenen* im Oktober 1921.

Während seines achtmonatigen Sanatoriumsurlaubs in der Hohen Tatra bis August 1921 verordnete sich Kafka – den Ernst seiner Krankheit erkennend – die Enthaltsamkeit von »Frauen als solchen« (O, S. 105). Im Sanatorium befand er sich in einer ganz anderen Gesellschaft: Osteuropäer verschiedenster Herkunft, vielfach Juden, kontrastiert von ungarischen Antisemiten, wie jene Patientin, die Kafka zuerst für einen Christen hielt und meinte, die Juden müssen ausgerottet werden. In diesem Umfeld von Lungenkranken, die durch Liegen und Bewegung sowie – für den Vegetarier Kafka eine Qual – durch Fleischernährung therapiert wurden, lernte er den Medizinstudenten Robert Klopstock kennen: »Budapester Jude, sehr strebend, klug, auch sehr literarisch, äußerlich übrigens trotz gröberen Gesamtbildes Werfel ähnlich, menschenbedürftig in der Art eines geborenen Arztes, antizionistisch.« (B, S. 302) Mit ihm knüpfte er an seine Zürauer Kier-

Robert Klopstock

kegaard-Lektüre an. Nach Klopstocks Abreise im Juni 1921 traten die beiden in einen Briefwechsel, der die Kierkegaard-Gespräche fortsetzte, und begannen eine Freundschaft bis zum Tod. Klopstock hatte sich schon im Sanatorium, später in Kafkas letzten Wochen als Arzt um den viel ernster kranken Freund und Schriftsteller gekümmert.

Dass während der zahlreichen Sanatorienaufenthalte zwischen 1917 und 1922 die Literatur zunächst – im Austausch mit der wenig gebildeten Julie Wohryzek – kaum mehr als

Patienten des Sanatoriums in Matliary in der Hohen Tatra; Kafka vorne sitzend, Robert Klopstock hinten stehend

unter dem negativen Vorzeichen der Angst um den Verlust des Schreibens Thema wird, kann kaum überraschen. Erstaunlich ist jedoch der Umstand, dass Kafka in dieser Zeit kaum schrieb, mit Ausnahme der brieflichen Korrespondenz mit der Intellektuellen Milena sowie mit Robert Klopstock. Die Phase seit dem Ausbruch der Krankheit, vor allem aber seit der Rückkehr aus Zürau ist bis Ende 1919 von einer völligen, bis Anfang 1922 von einer weitgehenden Abstinenz vom Schreiben gekennzeichnet. Selbst das Tagebuch ruhte bis Ende 1919 fast ganz. Die einzige literarische Aktivität in dieser Zeit war die Arbeit an dem Manuskript der *Strafkolonie*. Die Erzählung war bereits 1914 entstanden, doch Kafka ging erst nach längerem Zögern im Herbst 1918 daran, den Text für Kurt Wolff druckfertig zu machen; der Druck erfolgte im Mai 1919. Kurz darauf arbeitete Kafka an der Veröffentlichung der

In der Strafkolonie, vgl. S. 92 ff. u. S. 125

»kleinen Erzählungen«, die unter dem Titel *Ein Landarzt* mit der Jahreszahl 1919 im Jahr 1920 bei Kurt Wolff erschienen. Auch diese Erzählungen waren jedoch schon zwischen Herbst 1916 und Frühjahr 1917 – also vor Ausbruch der Tuberkulose – in einer sehr produktiven Phase entstanden, meist in einem kleinen Häuschen in der Alchimistengasse auf dem Hradschin, das ihm zu dieser Zeit Ottla zur ungestörten Arbeit überlassen hatte. Dazu gehören *Ein Bericht für eine Akademie*, *Ein Landarzt* und *Die Sorge des Hausvaters*, aber auch die erst posthum veröffentlichten Erzählfragmente aus den Oktavheften wie *Beim Bau der chinesischen Mauer* und *Der Jäger Gracchus*.

Ein Land-arzt, vgl. S. 106 ff.

Beim Bau der chinesischen Mauer, vgl. S. 112 f.
Der Jäger Gracchus, vgl. S. 77 u. S. 110 f.

Die Ursachen für die sich daran anschließende lange Schaffenspause sind vielfältig. Zum einen lagen sie in der Krankheit, die ihm nicht etwa den ersehnten Freiraum für die Literatur verschaffte, vielmehr Beschäftigung mit sich selbst abforderte. Zum anderen brachten weder die zwischenzeitlichen Arbeitsphasen im Büro noch die Sanatoriumsaufenthalte die nötige Ruhe zum Schreiben, zumal Kafka im Urlaub generell nicht zu schreiben pflegte. Nicht zuletzt artikulierte Kafka immer größere Zweifel an seinen literarischen Werken, seiner Qualität als Schriftsteller überhaupt. Schon mit Blick auf den *Landarzt*-Band schreibt er im März 1918 an Brod, dass »es doch mein wahrscheinlich letztes Buch ist« (B, S. 237). Dieser

> »Liebster Max, meine letzte Bitte: alles was sich in meinem Nachlaß (also im Bücherkasten, Wäscheschrank, Schreibtisch zuhause und im Bureau, oder wohin sonst irgendetwas vertragen worden sein sollte und Dir auffällt) an Tagebüchern, Manuscripten, Briefen, fremden und eigenen, Gezeichnetem u.s.w. findet restlos und ungelesen zu verbrennen, ebenso alles Geschriebene oder Gezeichnete, das Du oder andere, die Du in meinem Namen darum bitten sollst, haben. Briefe, die man Dir nicht übergeben will, soll man wenigstens selbst zu verbrennen sich verpflichten.   Dein Franz Kafka«
>
> (Franz Kafka, Testament z. H. von Max Brod, Herbst / Winter 1921; BKB, S. 365)

Zweifel am eigenen Schreiben zeigte sich in der Verbrennung einzelner Hefte und kulminierte im Herbst 1921 in einem ersten Testament, in dem er die Vernichtung aller seiner gedruckten und ungedruckten Werke nach seinem Ableben verfügte.

Literatur und Judentum (1917-1924)

Von der Entstehung der *Landarzt*-Erzählungen 1917 bis zur letzten Schaffensphase seit Anfang 1922 ist Kafkas Schreiben wesentlich beeinflusst durch die immer mehr Raum einnehmende Krankheit, den Wechsel zwischen Büro und Freistellung, die Lebensbedingungen in den Sanatorien, neue Beziehungen und Freundschaften, die Frühpension im Juni 1922 und nicht zuletzt auch die kulturellen, ökonomischen und politischen Parameter des Übergangs vom alten Österreich zur neuen Tschechoslowakei. Für sein Schreiben nach 1917 bis in die letzten Jahre gewinnt jedoch ein weiterer Faktor an neuer Bedeutung: das Judentum. In mancher Hinsicht schloss Kafka dabei an frühere Positionen und Überlegungen der Jahre nach 1911 an, zugleich ging er aber auch darüber hinaus, in der Lebenspraxis und auch im Schreiben.

Das gilt etwa für Kafkas nachhaltigen Rekurs auf die während und nach dem Ersten Weltkrieg neu virulent gewordene elementare Opposition des zionistischen Diskurses: diejenige von Westjudentum und Ostjudentum. Mit ihr arbeiteten kulturzionistische Theoretiker wie Arnold Zweig (*Das ostjüdische Antlitz*, 1919) und Fritz Mordechai Kaufmann, dessen *Vier Essais über ostjüdische Dichtung und Kultur* (1919) Kafka im März 1920 von Brod erhielt. Dem gemeinschafts-, traditions- und zukunftslosen Westjudentum hielten diese Denker – radikaler als vor dem Krieg – das lebendige Ostjudentum entgegen. Kafka griff diese Terminologie in den Briefen an Felice und Milena auf, benutzte sie allerdings quer zur zionistischen Wertung, indem er sich selbst in der »westjüdischen Zeit« (M, S. 294) verortete, aus seiner Sicht eine Zeit ohne Vergangenheit, Gegenwart und Zukunft. Quer zur zionistischen Verwendung ist, dass Kafka seine westjüdische Selbstbestimmung nicht nur negativ als Absenz des Judentums,

West- und
Ostjudentum

sondern positiv verstand: als Behauptung einer radikalisierten nach-bürgerlichen ästhetischen Moderne, deren Literatur von Familie, Gesellschaft und Nation losgelöst ist.

Unter diesem Vorzeichen einer Modernität des Negativen gewinnt auch der gewissermaßen kabbalistische Gesetzes- und Gerichtsbegriff des Chassidismus mit seinen Instanzen des Richters, Torwächters und »Am ha-Arez« (des »Mannes vom Lande«) in Kafkas literarischem Kosmos an Bedeutung. Kafkas Literatur ist zwar nicht Kabbala in dem Sinn, dass sie ihre »Wurzeln in die alten Jahrhunderte treibt« (T, S. 878), wie es ein wörtliches Verständnis von Kabbala nahelegen würde: Kabbala nämlich als »geheime Überlieferung« oder allgemeiner als »Tradition«. Kafkas Literatur ist Kabbala weit mehr im Verständnis Gershom Scholems: eine *moderne* Kabbala, eine Tradition ohne theologischen Gehalt, bloße »Tradierbarkeit«: »Die Welt Kafkas ist die Welt der Offenbarung, freilich in jener Perspektive, in der sie auf ihr Nichts zurückgeführt wird« (Benjamin 1981, S. 74 f.).

Dieser häretische Begriff der Kabbala als Profanierung und Außerkraftsetzung des Gesetzes korrespondiert mit dem westjüdischen Dispositiv von Kafkas Schreiben insofern, als auch hier die gemeinschaftsstiftenden Größen wie Gesetz, Tradition oder Familie in Frage gestellt sind. Nicht nur Kafkas ›Gesetzestext‹ *Der Process* sowie die Erzählungen des *Landarzt*-Bandes, denen die Lektüre von Alexander Eliasbergs *Sagen polnischer Juden* (1916) vorausgeht, entfalten diesen ›häretischen‹ Begriff eines Gerichts ohne Gesetz und einer Tradierbarkeit ohne Tradition. Auch die nach 1922 in einer letzten, sehr produktiven Schaffensphase geschriebenen Erzählungen von den *Forschungen eines Hundes* (Juni 1922) bis hin zu *Josefine die Sängerin* (März 1924) sind lesbar als Versuche, ein verlorenes Wissen und eine vergessene Tradition zu erneuern. Sie thematisieren allerdings gerade die Schwierigkeiten, ja Unmöglichkeiten der Erinnerung solcher »Nachrichten aus der Ferne«.

> »Zurückgezogen, einsam, nur mit meinen kleinen, hoffnungslosen, aber mir unentbehrlichen Untersuchungen beschäftigt, so lebe ich, habe aber dabei von der Ferne den Überblick über mein Volk nicht verloren, oft dringen Nachrichten zu mir.« (Franz Kafka, *Forschungen eines Hundes*; NSF II, S. 424)

Späte Erzählungen, vgl. S. 118 ff.

Einen solchen Versuch der Erinnerung jüdischer »Nachrichten aus der Ferne« unternahm Kafka in den Jahren 1917 bis 1924 mit jenem Projekt, das er im August 1923 als »hebräische Kraftanstrengung« (B, S. 440) bezeichnete: den Versuch, die hebräische Sprache zu erlernen – laut einem 1921 in der *Selbstwehr* erschienenen Aufsatz von Oskar Baum, *Der Kulturwert des Hebräischen für den modernen Juden*, eine elementare zionistische Praxis. Mit Moses Raths Hebräischlehrbuch *Sfat Ammenu* nahm Kafka sein Selbststudium auf. Er hatte aber auch Privatunterricht, zunächst 1919 bei Friedrich Thieberger und 1921 bei Georg Langer.

Die größte »hebräische Kraftanstrengung« unternahm er sodann im Sommer 1923, gleichzeitig mit einem erneuten Plan zur Auswanderung nach Palästina. Kafkas Lehrerin war nun die in Jerusalem geborene Puah Ben-Tovim, die 1923, vermittelt über den seit 1920 in Jerusalem lebenden Hugo Bergmann, zum Studium nach Prag gekommen war. Bergmann konkretisierte auch Kafkas Auswanderungsplan, als er im April 1923 im Auftrag des Keren Hayesod (ein 1920 gegründeter Fonds zum »Aufbau der jüdischen Heimstätte in Palästina«) für vier Wochen nach Prag kam. Kafka besuchte mit seinen Freunden nicht nur Bergmanns Vortrag *Die Lage in Palästina*, sondern trat mit ihm wegen seines Auswanderungsplans auch persönlich in Kontakt – geplant war, dass Kafka zunächst bei Bergmanns wohnen sollte. Als Kafka kurz nach seinem 40. Geburtstag mit seiner Schwester Ottla und ihren Kindern für einen Monat über Berlin in das Ostseebad Müritz reiste, wollte er damit seine »Transportabilität« (B, S. 436) nach Palästina prüfen.

Eine Probe jüdischer Gemeinschaft gab ihm die unmittelbare Nachbarschaft jener Ferienstätte des Berliner jüdischen Volksheims. Unter den »westjüdischen« Betreuern dieser ostjüdischen Kinder lernte Kafka die 16-jährige Tile Rössler sowie die 19-jährige Dora Diamant kennen. Letztere, im Volksheim Leiterin der Küche, stammte aus einem frommen Haus und

Marginalien:
»Hebräische Kraftanstrengung«

Aus Kafkas hebräischen Vokabelheften, nach 1917

Dora Diamant

> »Was hat das Judentum diese zweitausend Jahre erhalten? [...]
> Die innere Lebendigkeit und selbstverständliche Fortentwick-
> lung seines geistigen Inhalts, die natürliche sichtbare Liebe zu
> seiner Ideen- und Gefühlswelt und dessen Blutkreislauf: der
> Sprache. Die ist es, die wieder erneut werden muss! Und wenn
> jeder tut, was in seinen Kräften steht, wenn jeder nur einen
> Bruchteil dessen tut, was in seinen Kräften steht, wird es gelin-
> gen.« (Oskar Baum, *Der Kulturwert des Hebräischen für den mo-
> dernen Juden*, in: Selbstwehr 20, 1921, S. 2)

war Tochter eines Anhängers des chassidischen Rabbiners von
Gera in Polen. »Dora, mit der ich am meisten beisammen
bin, ist ein wunderbares Wesen« (B, S. 439), schreibt Kafka an
Tile Rössler. Dass er mit ihr in Müritz wiederum Hebräisch
lernte, ist nur der Anfang einer bis zu seinen letzten
Tagen dauernden Beziehung, die konkreter, leben-
diger als alle seine bisherigen war. Konkreter, lebbarer
schien mit ihr auch das Judentum. Kafka hielt mit ihr
nicht nur den Schabbat, sondern plante auch erneut
die Auswanderung nach Palästina, um dort »ein
kleines Lokal aufzumachen, worin er selbst Kellner
sein wollte«, wie Dora Diamant 1949 sich erinnert
(EK, S. 200). Kafka hielt Anfang 1924 bei Doras Vater
um ihre Hand an, was der orthodoxe Mann im Mai
nach Konsultation seines Rabbiners jedoch ablehnte.

Dora Diamant,
Kafkas junge
Partnerin von
1923/24

Seine Entscheidung fiel aber wenig ins Gewicht, lebten die
beiden doch schon sechs Monate lang in einem eheähnlichen
Verhältnis.

Am 9. August 1923 reiste Kafka für kurze Zeit nach Prag, die
Zeit vom 16. August bis 21. September verbrachte er mit Ottla
in Schelesen. Bereits am 23. September verließ er Prag in Richtung Berlin, in seinem Gesundheitszustand allerdings »eine
Tollkühnheit« (B, S. 447), wie er Oskar Baum schreibt. Dort
wohnte er zuerst in Berlin-Steglitz in der Miquelstraße und in
der Grunewaldstraße, ab Februar in Berlin-Zehlendorf in der
Heidestraße, stets gemeinsam mit Dora Diamant. Kafka erlebte Berlin nicht nur als Ort der Befreiung von Prag und der

Berlin

Familie. Er erlebte es auch als »äußerlich wild«: Seine sechs Berliner Monate waren gezeichnet durch Weltwirtschaftskrise, Inflation, Streik und pogromartige Ausschreitungen gegen Juden. Und er erfuhr es als »innerlich wild«: Die Krankheit setzte seinen Körper in Aufruhr, war er doch in dem kalten Winter oft geschwächt, fiebrig, hustend, kurzatmig, dadurch ans Bett oder zumindest an die Wohnung gebunden, während er vom kulturellen und gesellschaftlichen Leben der Stadt wenig mitbekam. Immerhin besuchten ihn Freunde und Bekannte, darunter Ernst Weiß, Max Brod, Willy Haas und Rudolf Kayser.

Zu *einer* Anstrengung aber rang er sich durch: Ab November 1923 besuchte er zweimal wöchentlich die Berliner »Hochschule für die Wissenschaft des Judentums« (B, S. 466). 1872 gegründet, stand sie – entgegen einer traditionell theologischen – für eine säkulare »Wissenschaft des Judentums«, zu deren Vorbereitung in der sogenannten »Präparandie« Grundkenntnisse in Sprache und Literatur vermittelt wurden. Eben dort besuchte Kafka die Hebräisch- und Talmudkurse Harry Torczyners und Julius Guttmanns. Wenn Kafka diese hebräischen und talmudischen Kraftanstrengungen im folgenden Jahr reduzierte, dann wegen der Krankheit, die sich seit Februar bedenklich verschlimmert hatte. Er musste einen weiteren Sanatoriumsaufenthalt ins Auge fassen. Alarmiert über seinen Zustand, riet ihm sein Onkel Siegfried Löwy bei einem Besuch dringend zur Rückkehr nach Prag, um eine Pflege durch die Familie zu ermöglichen. Tatsächlich fand Kafka nicht einmal mehr die Kraft, der Lesung des *Berichts für eine Akademie* durch den Rezitator Ludwig Hardt am 3. Februar 1924 im Meistersaal in Kreuzberg beizuwohnen. Am 17. März brachten ihn Brod und Dora Diamant nach Prag zurück.

In diesen letzten Jahren reflektierte Kafka verstärkt über die jüdischen Bedingungen seines Schreibens. Einen wichtigen Ansatzpunkt gab es schon im Herbst 1917, als ihm Felice nach seiner Lektüre von Brods Aufsatz *Unsere Literaten und die Ge-*

>»Die Hochschule für jüdische Wissenschaft ist für mich ein Friedensort in dem wilden Berlin und in den wilden Gegenden des Innern.« (Franz Kafka an Robert Klopstock, 19. Dezember 1923; B, S. 470)

meinschaft die zionistische Gretchenfrage stellte: »Und wie stellst Du Dich zu dem Gemeinschaftsgedanken von Max Brod?« (B III, S. 742) Kafka verstand sich freilich nicht als ein Schriftsteller in Brods Sinn, als ein mit der Gemeinschaft Verbundener, dem »Literatur und Zionismus« schlicht »eines sind« (B II, S. 364). Die zionistische Gemeinschaft erschien ihm wie die eheliche unerreichbar. Erneut wurde Kafka deutlich, dass er im Gegensatz zu seinen Freunden stand: Brod, längst verheiratet, hatte sich nicht nur als Schriftsteller und Musiker etabliert, sondern auch als zionistischer Publizist und, in der neuen Republik, als Politiker im jüdischen Nationalrat. Weltsch übernahm die Leitung der zionistischen Wochenschrift *Selbstwehr*, die er Kafka noch nach Berlin nachsendete. Und Baum gelang es, als freier Schriftsteller und Musikkritiker seine Familie zu ernähren. Das Schreiben seiner Freunde war konzentrisch, verbindend, seines aber auflösend, auseinanderstrebend, zentrifugal.

Gerade damit aber verortete Kafka sein Schreiben in der unsicheren und heterogenen Welt der deutsch-jüdischen Literatur. Ihr Literaturprogramm formulierte er, in Erweiterung seines *Schemas zur Charakteristik kleiner Litteraturen* vom Dezember 1911 (T, S. 326), in dem großen Brief vom Juni 1921 an Brod. Dazu griff er auf die Psychoanalyse zurück. An ihr nämlich, die Kafka als modernen »Raschi-Kommentar« (NSF II, S. 530) zum Judentum bezeichnet, interessierte ihn insbesondere »die Erkenntnis, daß der Vaterkomplex von dem sich mancher geistig nährt, nicht den unschuldigen Vater, sondern das Judentum des Vaters betrifft. Weg vom Judentum [...] wollten die meisten, die deutsch zu schreiben anfingen, sie wollten es, aber mit den Hinterbeinchen klebten sie noch am Judentum des Vaters und mit den Vorderbeinchen fanden sie keinen neuen Boden. Die Verzweiflung darüber war ihre Inspiration.« (B, S. 337) Die Schwierigkeit der deutsch-jüdischen Literatur besteht in dieser doppelten Bindung an zwei große kulturelle Systeme: das jüdische und das deutsche.

Davon ausgehend differenzierte Kafka diese Literatur in vier »Unmöglichkeiten« – und nicht etwa Möglichkeiten. Sie ist, so Kafka, »eine von allen Seiten unmögliche Literatur, eine

Deutsch-jüdische Literatur

Zigeunerliteratur«. Die erste ist die »Unmöglichkeit, nicht zu schreiben« und entspringt der Verzweiflung, zwischen zwei kulturellen Identitäten zu stehen. Die zweite ist die »Unmöglichkeit, deutsch zu schreiben«, was der Not der Assimilation entspricht, die deutsch sein will, jedoch jüdisch bleibt. Die dritte ist die »Unmöglichkeit, anders zu schreiben«, was der Not des Zionismus entspricht, der jüdisch sein will, jedoch deutsch bleibt. Die vierte Unmöglichkeit schließlich liegt jenseits von Assimilation und Zionismus. Es ist Kafkas westjüdische Unmöglichkeit: »die Unmöglichkeit zu schreiben«. (B, S. 338) Kafkas Schreiben befand sich demnach im exterritorialen Raum zwischen der deutschen und der jüdischen Literatur. Zwischen zwei Vater-Literaturen stehend, aber sah er sich zum Schreiben getrieben und zugleich daran gehindert (»Unmöglichkeit, nicht zu schreiben« und zugleich »Unmöglichkeit zu schreiben«). Die Aporetik dieses Schreibens mündet so in die Ambivalenz von Kafkas Judentum überhaupt, in dem sich der Wunsch nach Gemeinschaft und die Unmöglichkeit zur Gemeinschaft unvermittelt gegenüberstehen.

> »Ohne Vorfahren, ohne Ehe, ohne Nachkommen, mit wilder Vorfahrens-, Ehe- und Nachkommens-Lust. Alle reichen mir die Hand: Vorfahren, Ehe und Nachkommen, aber zu fern für mich.« (Franz Kafka, Tagebuch vom 21. Januar 1922; T, S. 885)

Krankheit zum Tod (1922-1924)

Ein Hunger-künstler, vgl. S. 118 ff.

Kafkas Erzählung *Ein Hungerkünstler*, entstanden im Frühjahr 1922, enthält eine der aufstörendsten und radikalsten Vorstellungen von Kunst: Sie zielt auf Selbstauflösung. Die Vervollkommnung der Hungerkunst geht demnach einher mit der Zurücknahme der Kunst, zuletzt mit dem Tod des Künstlers. Perfektionierung bedeutet Aufhebung der Kunst und des Lebens. Ihre Logik ist die Aushungerung ihrer selbst: Hungerkunst eben.

Auf gespenstische Weise korrespondierte diese literarische Versuchsanordnung mit Kafkas letzten beiden Lebensjahren. Literatur griff dergestalt ins Leben ein, genauer: Die Hungerkunst wurde regelrecht zur Gesetzesform von Kafkas Leben. Diese todgeweihte Lebenskunst schuf die Tuberkulose. Seit der Berliner Zeit wurde sie von einem immer bedrohlicheren Gewichtsverlust begleitet. Während sich der überzeugte Vegetarier Kafka in den Sanatorien zum Essen – auch von Fleisch und Fisch – zwang und dadurch sein Gewicht Mitte Juni 1921 auf 65 kg anheben konnte, wog er im August 1923 nur noch knapp 55 kg, am 7. April 1924 bei der Einweisung ins Sanatorium »Wiener Wald« selbst in Winterkleidung gerade einmal 49 kg. Hinzu kam die Gewissheit an demselben Tag, dass die Tuberkulose auf den Kehlkopf übergegriffen hatte. Diese Diagnose bedeutete, dass der Kehlkopf im Krankheitsverlauf anschwellen, Geschwüre entwickeln und zugleich zerfallen würde, all dies unter immer größeren Schmerzen.

Daraus wiederum würde ein langsamer Stimmverlust folgen, der für Kafka ab März spürbar wurde. Auch diesen nahm Kafka in seiner letzten, im März 1924 entstandenen Erzählung *Josefine, die Sängerin* vorweg. Josefines Gesang folgt ebenfalls der Logik der Hungerkunst, indem diese Kunst sich annihiliert, verstummt und in Schweigen endet. Nicht anders war der Verlauf, als Kafka zunehmend seine Stimme verlor und schließlich verstummte, zuletzt kommunizierte er fast nur noch über Zettelchen, die als »Gesprächsblätter« (B, S. 484-491) überliefert sind. Die Ausweitung der Tuberkulose auf den Kehlkopf hatte zudem die Erschwerung, ja Verunmöglichung des Essens zur Folge. Wie das Sprechen bereitete ihm das Schlucken größte Schmerzen, in seinen letzten Wochen konnte er, wenn überhaupt, nur noch flüssige Nahrung zu sich nehmen. Schon am 13. April schrieb er an Klopstock: »Der Kehlkopf ist nämlich so angeschwollen, dass ich nicht essen kann.« (B, S. 480) Außerdem war die Erkrankung des Kehlkopfs mit einer zusätzlichen Erschwerung des Atmens verbunden. So ist der hier schon einsetzende, jedenfalls unaufhaltsame Prozess des Sterbens ein allmähliches Verstummen, Verhungern, Ersticken.

Kafkas Leben wurde dabei auf unheimliche Weise durch die Literatur eingeholt, Leben und Literatur aber durch den Tod. Darüber machte er sich keine Illusionen, doch schrieb er bis zuletzt, weniger gegen den Tod wie Canetti, sondern eher mit dem Tod. 1922, zwei Jahre vor seinem Tod, konnte er die lange Phase des Schreibstillstands endlich überwinden, mit dem neuen Romanprojekt *Das Schloß* beginnen und eine ganze Reihe von großen Erzählungen verfassen, meist Tiernovellen, darunter *Der Bau*. Und er schrieb unter schwierigsten Bedingungen. Erschwerend war auch, dass ihn im Oktober 1923 sein Verleger Kurt Wolff wegen des mangelnden Absatzes seiner Bücher faktisch entließ. Mit Brods Hilfe fand Kafka jedoch mitten im krisengeschüttelten Berlin einen neuen Verleger: Rudolf Leonhard, Lektor des Verlags Die Schmiede. Am 7. März 1924 unterzeichnete er einen Vertrag für einen Band mit drei Erzählungen: *Ein Hungerkünstler*, *Eine kleine Frau* und *Erstes Leid*, später kam *Josefine, die Sängerin* hinzu. An der Korrektur der Druckfahnen arbeitete Kafka noch an seinem Sterbetag am 3. Juni.

Das Schloß, vgl. S. 114 ff. u. S. 133 f.

All dies leistete Kafka in den letzten beiden Monaten seines Lebens. In dieser Zeit begleitete ihn Dora Diamant auf einer letzten Fahrt in einem gesundheitlich hoffnungslosen Zustand durch drei Sanatorien. In Prag weilte er nach seiner Rückkehr aus Berlin nur zwei Wochen, auf der Suche nach einem Sanatorium. Am 5. April begleitete ihn Ottla in das Sanatorium »Wiener Wald« in Ortmann in Niederösterreich. Nach der Diagnose der Kehlkopftuberkulose verordneten die Ärzte eine Verlegung in die Laryngologische Klinik in Wien, was am 10. April erfolgte. Die bedrückende Situation – Kafka war dort mit Sterbenden in einem Zimmer untergebracht – beendete Dora Diamant, indem sie eine Verlegung in ein angenehmeres Sanatorium erwirkte, zumal ihm in der Klinik nicht mehr geholfen werden konnte. Am 19. April fuhren die beiden mit der Bahn in das »Sanatorium Dr. Hoffmann« in Kierling bei Klosterneuburg in der Nähe von Wien. Dieser Aufenthaltsort sollte Kafkas letzter sein. Die Therapie bestand nur noch aus Schmerzlinderung durch Alkoholinjektionen, Pantopon und Morphium. Die behandelnden Ärzte konstatierten Anfang Mai »im Kehlkopf einen zerfallenden tuberkulösen Prozeß [...], der auch Teile des Kehldeckels mit einbezieht« und schätzten Kafkas »Lebensdauer auf zirka drei Monate« (FK, S. 217).

Kafka verblieb aber nur noch ein Monat. In dieser Zeit vor seinem Tod stand ihm neben Dora Diamant seit dem 6. Mai auch Robert Klopstock zur Seite. Auch kamen einige Freunde, um Abschied zu nehmen: Ende April Felix Weltsch, am 11. Mai Ottla gemeinsam mit ihrem Mann und Kafkas Onkel Siegfried Löwy, vom 13. bis 17. Mai Max Brod. Seine Eltern hinderte Kafka noch am 2. Juni durch Besserungsnachrichten an einem Besuch. Am 3. Juni gegen Mittag starb er. Die Leiche wurde in einem verlöteten Sarg nach Prag überführt, die Beisetzung fand am 11. Juni auf dem jüdischen Friedhof in Prag-Straschnitz statt.

»Mein ganzes Wesen ist auf Litteratur gerichtet, diese Richtung habe ich bis zu meinem 30ten Jahr genau festgehalten; wenn ich sie einmal verlasse, lebe ich eben nicht mehr« (B II, S. 271), so schrieb Kafka im August 1913. Litteratur war ihm ein imaginäres Sterben, eine radikale Absage an ein bürgerliches Leben. Die Krankheit zum Tode belehrte ihn darüber, dass zu diesem imaginären Sterben mitten im Leben noch ein reales Sterben zum Tod hinzukommt. Ein letztes Mal schlug so die Litteratur ins Leben um.

> »Was ich gespielt habe, wird wirklich geschehn. Ich habe mich durch das Schreiben nicht losgekauft. Mein Leben lang bin ich gestorben und nun werde ich wirklich sterben. Mein Leben war süßer als das der andern, mein Tod wird um so schrecklicher sein.« (Franz Kafka an Max Brod, 5. Juli 1922; B, S. 385)

Werk

Übersicht über das Werk

Die Unsicherheit, mit der sich Kafka – bei aller Entschiedenheit für die Literatur – als Schriftsteller verstanden hat, gründet nicht nur in seiner Selbstwahrnehmung, die zwischen Euphorie und Vernichtung schwanken konnte. Sie hat auch einen Grund in der Tatsache, dass es Kafka zumindest in einem quantitativen Sinn nicht wirklich gelungen ist, sich zu seinen Lebzeiten als Schriftsteller zu etablieren, im Gegensatz zu nahen Zeitgenossen wie Max Brod oder Franz Werfel, die ein umfangreiches Œuvre publizieren und sich damit große Geltung verschaffen konnten.

Dass Kafka zu seiner Zeit einer größeren Öffentlichkeit als Schriftsteller wenig bekannt wurde, kann auch die Tatsache belegen, dass er nur zweimal aus seinen Werken öffentlich vorlas: In seiner ersten Lesung am 4. Dezember 1912 im Hotel Erzherzog Stephan in Prag trug Kafka aus seiner Erzählung *Das Urteil* vor, die zweite Lesung aus der Erzählung *In der Strafkolonie* fand am 10. November 1916 in der Galerie Goltz in München statt. Hinzu kamen Lesungen durch Dritte, die sich im Wesentlichen auf die Auftritte des allerdings berühmten Rezitators Ludwig Hardt konzentrierten. Er hatte Kafka 1921 in sein Rezitationsprogramm aufgenommen und in den folgenden Jahren mehrfach Texte wie etwa den *Bericht für eine Akademie* in Berlin und Prag gelesen. Dennoch ist diese öffentliche Präsenz eine schmale Bilanz. Zudem ließen sich Kafkas Bücher nur schwer verkaufen.

Zu Lebzeiten kaum gedruckt

Das bestätigt der bescheidene Umfang des zu Lebzeiten Gedruckten, das auf Kurzprosa, Erzählungen und einige Feuilletonartikel beschränkt ist und mühelos in einem Band ediert werden kann. Brod hat dies 1935 im ersten Band der *Gesammelten Werke* unter dem Titel *Erzählungen und kleine Prosa* getan, auf gerade einmal 280 Seiten. Im Wesentlichen sind dies, neben einigen kurzen Zeitschriftenbeiträgen, die schmalen Bändchen *Betrachtung* (1912), *Das Urteil* (1913 / 1916), *Der Heizer* (1913), *Die Verwandlung* (1915), *In der Strafkolonie* (1919), *Ein Landarzt. Kleine Erzählungen* (1919) und *Ein Hungerkünstler. Vier Geschichten* (1924).

Es ist kein Zufall, dass Kafka selbst ausschließlich sein gedrucktes Werk gelten ließ. Dies jedenfalls artikuliert er in seinem zweiten Testament vom 29. November 1922. So selbstkritisch dieses erscheinen muss, ist es doch eine Abmilderung gegenüber dem ersten Testament, wonach nicht nur »das Ungedruckte«, d. h. der Nachlass, sondern auch »alles Gedruckte« vernichtet werden sollte. Das zweite Testament lässt immerhin, wenn auch mit der Geste größter Bescheidenheit, ja Selbstvergessenheit, die gedruckten Bücher gelten, jedoch nach wie vor nicht den Nachlass.

Zweites Testament, vgl. S. 62

> »Von allem was ich geschrieben habe gelten nur die Bücher: Urteil, Heizer, Verwandlung, Strafkolonie, Landarzt und die Erzählung: Hungerkünstler. (Die paar Exemplare der ›Betrachtung‹ mögen bleiben, ich will niemandem die Mühe des Einstampfens machen, aber neu gedruckt darf nichts daraus werden). Wenn ich sage, daß jene 5 Bücher und die Erzählung gelten, so meine ich damit nicht, daß ich den Wunsch habe, sie mögen neu gedruckt und künftigen Zeiten überliefert werden, im Gegenteil, sollten sie ganz verloren gehn, entspricht dieses meinem eigentlichen Wunsch. Nur hindere ich, da sie schon einmal da sind, niemanden daran, sie zu erhalten, wenn er dazu Lust hat. Dagegen ist alles, was sonst an Geschriebenem von mir vorliegt (in Zeitschriften Gedrucktes, im Manuskript oder in Briefen) ausnahmslos [...] zu verbrennen und dies möglichst bald zu tun bitte ich Dich
>
> Franz«
>
> (Franz Kafka, an Max Brod gerichtet: »mein letzter Wille hinsichtlich alles von mir Geschriebenem«, 29. November 1922; BKB, S. 421 f.)

Der Blick auf das zu Kafkas Lebzeiten gedruckte Œuvre macht nicht nur deutlich, wie schmal dieses ist, sondern auch, wie sehr es nach Kafkas Tod bei der Edition des Nachlasses

Edition des Nachlasses

durch Max Brod verändert wurde. Grundlegend dafür war insbesondere die Edition der drei Romane *Der Process* (1925), *Das Schloß* (1926) und *Amerika* (1927). Diese vermitteln ein wesentlich neues Kafka-Bild, ja machen den Schriftsteller überhaupt erst einer breiten Leserschaft bekannt. Das gilt in geringerem Maß auch für die Edition einiger seiner Erzählungen aus dem Nachlass, die Brod zuerst 1931 unter dem Titel *Beim Bau der chinesischen Mauer* vorlegte und 1936 unter dem Titel *Beschreibung eines Kampfes. Novellen, Skizzen, Aphorismen aus dem Nachlaß* erweiterte.

Erste
Gesamt-
ausgabe

Der letztgenannte Band erschien bereits im Rahmen der ersten Kafka-Gesamtausgabe *Gesammelte Schriften* 1935-1937, die Brod gemeinsam mit dem jungen Prager Dichter Heinz Politzer im Schocken Verlag publizierte. Begonnen wurde dieses Unternehmen in einem schon von den Nazis beherrschten Berlin, abgeschlossen mit den Bänden fünf und sechs (eine Auswahl *Tagebücher und Briefe*) sowie mit Brods Kafka-Biographie – dann schon im Prager Exil – im Verlag Heinrich Mercy Sohn, an den Schocken *pro forma* die Rechte übertragen hatte. In Nazi-Deutschland aber kam die Kafka-Ausgabe auf den Index, wurde 1937 gar auf die Liste der »in der Deutschen Bücherei unter ›Geheim‹ abgestellten Druckschriften« aufgenommen, d. h., sie durfte nicht einmal mehr in Bibliographien geführt werden. So entfaltete Kafkas Œuvre, das um den Nachlass wesentlich erweitert worden war, seine große und nachhaltige Wirkung zuerst außerhalb Deutschlands im Exil.

Wenn Brod ein Leben lang seinen Freund förderte, wenn er dessen Werk, auch gegen Kafkas selbstzerstörerische Tendenzen, bewahrte und rettete, wenn er es schließlich durch die posthume Edition so wirkmächtig etablierte und nachgerade kanonisierte, so ist seine Leistung dennoch nicht ohne Problematik. Diese liegt in seinen editorischen Entschei-

Werk

dungen und der Etablierung eines bestimmten Kafka-Bildes. Als Herausgeber griff er stark in die fragmentarische Gestalt insbesondere des Nachlasses ein, er glättete, ja redigierte Texte. Und als Interpret gab er, mit der Autorität des Freundes, allzu entschieden Leitlinien vor, etwa durch die religiöse Lektüre von Kafkas Texten.

Ungeachtet dessen blieb Brods Gesamtausgabe lange Jahrzehnte maßgeblich und wurde zunächst sukzessive erweitert. Im Rahmen der Neuauflage der *Gesammelten Werke* im S. Fischer Verlag (1950-58), die für die Wirkung im Nachkriegsdeutschland grundlegend war, erschienen die *Tagebücher 1910-1923* (1951) und *Briefe 1902-1924* (1958) in einer Fassung, die lange gültig blieb. Dem folgte eine Reihe weiterer Briefkonvolute: *Briefe an Milena* (1952, revidiert 1986), *Brief an den Vater* (1960), *Briefe an Felice* (1967), *Briefe an Ottla und die Familie* (1974), *Briefe an die Eltern aus den Jahren 1922-1924* (1990). Daneben war auch die Edition der *Amtlichen Schriften* (1984) eine wichtige Erweiterung, zeigte sie doch den bis dahin unbekannten »Versicherungsschriftsteller« Kafka.

Zwei jüngere, nunmehr kritische Kafka-Ausgaben setzen auf je eigene Weise an Kafkas Handschriften an und ermöglichen damit ein neues Verständnis nicht nur seines Œuvre, sondern auch seines Schreibprozesses. Seit 1982 erscheint im S. Fischer Verlag die *Kritische Ausgabe der Schriften, Tagebücher, Briefe* (durch Jürgen Born, Gerhard Neumann, Malcolm Pasley und Jost Schillemeit). Sie beansprucht, Brods problematische Anordnung und Redaktion insbesondere des Nachlasses durch den Rückgriff auf Kafkas Handschriften zu überwinden. Dabei wählten die Herausgeber die klassische Form der Textherstellung mit Variantenapparat und Kommentar. In einer anderen Form ist die seit 1997 erscheinende *Historisch-Kritische Ausgabe sämtlicher Handschriften, Drucke und Typoskripte* im Stroemfeld Verlag noch kompromissloser in der Ausrichtung auf Kafkas Handschrift. Diese Ausgabe stellt keinen Lesetext mehr her, sondern beschränkt sich darauf, die Handschrift zu faksimilieren und zu transkribieren. Durch dieses Verfahren erscheinen Kafkas Texte noch weniger als fertige Produkte, sondern werden in ihrem auch unsicheren Schreibprozess

Zwei kritische
Kafka-Ausgaben

nachvollziehbar. Diese beiden kritischen Ausgaben ergänzen sich somit auf hohem Niveau und legen ein neues Werk vor, das prozess- und bruchstückhaft ist.

Fragmentarismus, Teilbau, Parabolik: Kurze Einführung in Kafkas Poetologie

Der fragmentarische Charakter von Kafkas nachgelassenen Schriften ist gewiss auch aus der Not hervorgegangen, Schreibprojekte, zersplittert in einzelne Hefte im Quart- und Oktavformat, nicht zu Ende bringen zu können. Dennoch hat das Fragment zugleich einen poetologischen Stellenwert und gehört integral zu Kafkas Vorstellung des Schreibens. Man kann bei Kafka geradezu von einem Fragmentarismus sprechen, indem er das Unvollendete vielfach zum Thema macht und als Schreibform behauptet. Er tut dies nicht erst im Nachlass, sondern schon in seinen zu Lebzeiten gedruckten Texten, so in der Erzählung *Der Heizer* (1913). Eigentlich ein Teil des entstehenden Romans *Der Verschollene*, will Kafka erreichen, dass sein Verleger Kurt Wolff den *Heizer* mit dem Untertitel »Ein Fragment« publiziert (B II, S. 173). Zugleich nimmt er diesen Vorschlag zum Anlass, das Fragment gegen das Romanganze zu behaupten, und zwar in einer für ihn charakteristischen paradoxalen Wendung, die das Romanganze zum Fragment, das Fragment aber zum eigentlich Abgeschlossenen macht: »Ob es selbständig veröffentlicht werden kann, weiß ich nicht; man sieht ihm zwar die 500 nächsten und vollständig mißlungenen Seiten nicht gerade an, immerhin ist es wohl doch nicht genug abgeschlossen; es ist ein Fragment und wird es bleiben, diese Zukunft gibt dem Kapitel die meiste Abgeschlossenheit.« (B II, S. 156)

Auch das Gegenmodell dieses Schreibens hat Kafka benannt: der ›klassische‹ Roman. Ihn könne man »mit einem gothischen Dom vergleichen«, da in ihm »für jede Stelle der dialektischen Kapitel die Stelle in den übrigen nachgewiesen wird, die jene erste trägt« (B I, S. 117). Was Kafka hier im Januar 1910 mit Bezug auf ein Romanprojekt Brods schreibt, strebt er selbst keineswegs an. Seine drei Romane *Der Verschollene*, *Der Process* und *Das Schloß* sind nicht nur aus Not

Fragmentarismus

Fragmente. Die Handlung dieser Romane ist nicht linear, und ihre Protagonisten – der verschollene Amerikaauswanderer Karl Roßmann, der verhaftete Bankprokurist Josef K. und der vergessene Landvermesser K. aus dem *Schloß* – sind keine Charaktere vom Typus des Bildungsromans mit zielgerichtetem Entwicklungsprozess. Sie sind nur scheinbar zielstrebig, tatsächlich aber blind und erfolglos agierende Figuren, denen Selbstentfaltung und Selbstbehauptung nicht gelingt und deren Geschichten in Bruchstücke zerfasern.

Das macht eine Erzählung von Anfang 1917 eigens zum Thema: *Der Jäger Gracchus*. Brod hat sie 1931 unter diesem Titel aus verschiedenen Teilen – mit beträchtlichem Eingriff in Kafkas Handschrift – in eine lineare narrative Form gebracht. In Kafkas Nachlass finden sich jedoch mehrere unfertige Ansätze (NSF I, S. 305 ff.; 378 ff.), die eine Alternative zum klassisch-linearen Erzählen nicht nur umsetzen, sondern auch thematisieren. Die Geschichte des Jägers Gracchus kann einiges über Kafkas Fragmentarismus aussagen: Gegen Linearität und Geschlossenheit stellt er eine geradezu nomadische Zerstreuung des Erzählens.

Der Jäger Gracchus

Vgl. S. 111

> »Würde ich einmal ein größeres Ganzes schreiben können wohlgebildet vom Anfang bis zum Ende, dann [...] dürfte [ich] ruhig und mit offenen Augen als Blutsverwandter einer gesunden Geschichte ihrer Vorlesung zuhören, so aber läuft jedes Stückchen der Geschichte heimatlos herum und treibt mich in die entgegengesetzte Richtung.« (Franz Kafka, Tagebuch vom 5. November 1911; T, S. 227)

Dieser Fragmentarismus betrifft nicht nur den inneren Zusammenhang seiner Texte, sondern auch den äußeren (intertextuellen) Zusammenhang mit ihrem Kontext: all dem, was der Vielleser Kafka wahrgenommen hat. Schreiben erweist sich bei Kafka als freie und produktive Verhandlung, Variation und Transformation von Gelesenem. Auch dieses Verfahren thematisiert Kafka wiederholt, so etwa im Februar 1918: »Das ist eine Bemerkung die uns aus einer unklaren Fülle alter Erzählungen geläufig ist, trotzdem sie vielleicht in keiner vorkommt.« (NSF II, S. 101) Der bei Kafka vielfach eingesetz-

Teilbau

te Bildkomplex des Mauerbaus illustriert dieses poetische Verfahren als Amalgamierung von Bausteinen. Ein Beispiel dafür ist das »System des Teilbaus« (NSF I, S. 341) im Erzählfragment *Beim Bau der chinesischen Mauer* (1917), wonach jene Mauer »nicht zusammenhängend gebaut« (NSF I, S. 338) werden, gar Lücken aufweisen soll. Ein weiterer Text thematisiert den Bau eines Tempels nicht etwa aus neuen, sondern aus alten Bausteinen mit nicht mehr entzifferbaren Schriftzügen – eine Allegorie auf Kafkas intertextuelles Schreibverfahren. Als ein Konglomerat von Bausteinen unbekannter Herkunft und Bedeutung wird dieses Tempelmodell als Textmodell lesbar.

> »Alles fügte sich in ihm zum Bau. Fremde Arbeiter brachten die Marmorsteine, zubehauen und zueinandergehörig. Nach den abmessenden Bewegungen seiner Finger hoben sich die Steine und verschoben sich. Kein Bau entstand jemals so leicht wie dieser Tempel oder vielmehr dieser entstand nach wahrer Tempelart. Nur daß auf jedem Stein – aus welchem Bruche stammten sie? – unbeholfenes Gekritzel sinnloser Kinderhände oder vielmehr Eintragungen barbarischer Gebirgsbewohner [...] mit offenbar großartig scharfen Instrumenten für eine den Tempel überdauernde Ewigkeit eingeritzt waren.« (Franz Kafka, [Tempelbau], NSF II, S. 107 f.)

Parabolik Ein drittes Charakteristikum von Kafkas Schreiben wird an dem Beispiel des Mauerwerks deutlich: die Bildlichkeit. Selten schreibt er affirmativ, direkt, realistisch, wörtlich, dagegen wählt er Formen des (parabolischen) Vergleichens, des (metaphorischen) Verschiebens, des (allegorischen) Verrätselns etc. Die uneigentliche (tropische) Aussageweise ist bei Kafka dahingehend radikalisiert, dass eine Aussage nie auf ein ›Eigentliches‹ gelangt, vielmehr ein unabschließbarer Prozess des Vergleichens in Gang kommt, der als »Kafkas gleitendes Paradox« bezeichnet wurde (Neumann 1968). Während die klassische Parabel auf einem *parabállein*, einem statischen Nebeneinanderhalten zweier Aussagen vermittels eines Analogieschlusses, beruht, entfalten Kafkas Texte einen dynamischen

Prozess der Verbildlichung, der eine unhintergehbare Mehrdeutigkeit erzeugt.

Kafka hat die Poetik dieses parabolischen Zeichenprozesses vielfach umgesetzt und ausdrücklich thematisiert, beispielsweise in einem Text von 1922, den Brod unter den Titel *Von den Gleichnissen* brachte. Dort fasst er das Gleichnis als eine Rede der Verunsicherung, die ihren eigenen Scheincharakter offenbart. Gleitende Parabolik leitet auch Kafkas Fabel. In **Fabel** seinen zahlreichen Tiergeschichten, von der *Verwandlung* (mit dem Insekt Gregor Samsa) über den *Bericht für eine Akademie* (mit dem Affen Rotpeter) bis hin zu den *Forschungen eines Hundes* und der Maus in *Josefine, die Sängerin,* experimentiert Kafka mit den Möglichkeiten der Fabel, die er jedoch ebenfalls weit über ihre klassische Form und Funktion hinausführt. Während jene vermittels des Vergleichs didaktisch auf eine moralische Aussage zielt, wird eine solche in Kafkas Tiergeschichten nur immer weiter verschoben und verzögert. Das verdeutlicht etwa der Fall Josefines, die anfangs affirmativ als Sängerin vorgestellt wird, deren Gesang jedoch im Zuge des Erzählens immer weiter hinterfragt, gar aufgelöst und schließlich als Schweigen überführt wird.

Fragmentarismus, Intertextualität und Parabolik sind komplexe Verfahren und charakterisieren anspruchsvolle, offene Texte. Sie haben entscheidenden Anteil an den Schwierigkeiten, die bei der Interpretation von Kafkas Texten entstehen. Negativ gefolgert: Die beiden extremen Behauptungen für Kafkas Texte – auf der einen Seite Undeutbarkeit, auf der anderen unendliche Deutbarkeit – sind wesentlich diesen Eigenheiten geschuldet. Positiv: Sie machen die hohe und eigene Kunstfertigkeit dieser Texte aus.

Beschreiben, Betrachten: Anfänge des Schreibens 1904-1912

Kafkas erste Anfänge des Schreibens gehen bis in die Gymnasialzeit zurück. Im Tagebuch berichtet er, wie er im Kreis seiner Familie Texte schreibt, die dann allerdings von einem Onkel als »gewöhnliches Zeug« (T, S. 147) zurückgewiesen werden. Diese Ablehnung ist eine elementare Erfahrung, die

Kafka auch in dem immer wieder aufkommenden Vernichtungswunsch gegenüber seinen eigenen Werken verinnerlicht
(»das Urteil des Onkels wiederholte sich in mir mit schon fast
wirklicher Bedeutung«, ebd.). Die frühen Schreibversuche
aus der Schulzeit jedenfalls – Theaterstücke und Prosa, darunter ein Amerikaroman und Bruchstücke eines Textes *Das Kind
und die Stadt* – müssen als verloren gelten.

Die erste Phase von Kafkas Schreiben umfasst die Zeit vor der
Niederschrift der Erzählung *Das Urteil* im September 1912
und damit jene Texte, die seit etwa 1904 in Kafkas Studienzeit, seinem Praxisjahr am Landgericht und in den ersten Berufsjahren (seit Juli 1908) entstanden sind. Diese Texte des
›jungen Kafka‹ umfassen im Wesentlichen *Beschreibung eines
Kampfes* und *Betrachtung*. Ein dritter Text, das im Sommer
1906 entstandene Romanfragment *Hochzeitsvorbereitungen
auf dem Lande* (gedruckt erstmals 1951) variiert die Figuration
des schwachen, in Imaginationen fliehenden Ichs aus der *Beschreibung eines Kampfes* und weist zugleich auf die Grundkonstellation der späteren großen Erzählungen: die Stellung
des Sohnes in den ökonomischen, gesellschaftlichen und sexuellen Machtverhältnissen von Familie, Beruf, Ehe.

Beschreibung eines Kampfes

Erzählzyklus, erste Fassung entstanden zwischen Sommer 1904
und 1907, zweite Fassung 1909 / 1910. Teile daraus (das *Gespräch
mit dem Beter* und das *Gespräch mit dem Betrunkenen)* erschienen
im Juni 1909 in Franz Bleis *Hyperion*; eine von Brod hergestellte
Mischform der beiden Fassungen erschien 1936, die beiden Fassungen in einer »Parallelausgabe nach den Handschriften« 1969.

Vgl. S. 29 Der Schauplatz dieses von Kafka als »Novelle« (B I, S. 120) bezeichneten fragmentarischen, verschachtelten und stilistisch
uneinheitlichen Erzählzyklus mit Rahmenhandlung ist das
zugleich räumlich konkrete und ins Imaginäre getauchte
nächtliche Prag, das nach einem Ball zum Ort eines Spaziergangs wird. Auf dem Weg durch die Stadt erlebt der Ich-Erzähler imaginäre Begegnungen und unterschiedlichste Situationen, insbesondere aber einen »Kampf« mit einem »Bekannten«. Dabei ist nicht klar, ob dieser Kampf auch (oder

ausschließlich) im Inneren des Ich-Erzählers angesiedelt ist. In Konkurrenz stehen zwei Lebensformen: die des (auch erotisch) erfolgreichen und geselligen Bekannten und die des ungeselligen, gehemmten Ich-Erzählers, der einen karnevalesken, grotesken Körper aufweist: »eine Stange in baumelnder Bewegung auf die ein gelbhäutiger und schwarzbehaarter Schädel ein wenig ungeschickt aufgespießt ist« (NSF I, S. 62).

In diesem Kampf zeigt der Ich-Erzähler eine elementare Unsicherheit gegenüber der Wirklichkeit. Ihm kommt die objektive Dingrealität abhanden, sie ist ihm nicht mehr erfahrbar, nur noch durch imaginäre und subjektive Medien wie Sprache und Wahrnehmung greifbar. »Ich hoffe von Ihnen zu erfahren, wie es sich mit den Dingen eigentlich verhält, die um mich wie ein Schneefall versinken, während vor anderen schon ein kleines Schnapsglas auf dem Tisch fest wie ein Denkmal steht.« (NSF I, S. 159) Daraus ergibt sich eine Art Spiel mit den Möglichkeiten bzw. Unmöglichkeiten der Sprache, die Dingwelt zu benennen. Diese letztlich erkenntnistheoretische Problematik, die auch vor dem Hintergrund der Sprachkritik der Jahrhundertwende (Fritz Mauthner, Hugo von Hofmannsthal) zu verstehen ist, hat ihren Schwerpunkt im Mittelteil *Belustigungen oder Beweis dessen, daß es unmöglich ist zu leben*. Die Unmöglichkeit sprachlich vermittelter Dingerfahrung wächst sich hier zu einer ernsthaften Sprachkrise aus.

Dieser Skepsis gegenüber jedem Realismus begegnet der Ich-Erzähler auf seinem nächtlichen Spaziergang auf den Lauren-

> »Ich habe Erfahrung und es ist nicht scherzend gemeint, wenn ich sage, daß es eine Seekrankheit auf festem Lande ist. Deren Wesen ist so, daß Ihr den wahrhaftigen Namen der Dinge vergessen habt und über sie jetzt in einer Eile zufällige Namen schüttet. Nur schnell, nur schnell! Aber kaum seid Ihr von ihnen weggelaufen, habt Ihr wieder ihre Namen vergessen. Die Pappel in den Feldern, die Ihr den ›Turm von Babel‹ genannt habt, denn Ihr wußtet nicht oder wolltet nicht wissen, daß es eine Pappel war, schaukelt wieder namenlos und Ihr müßt sie nennen ›Noah, wie er betrunken war‹.« (Franz Kafka, *Beschreibung eines Kampfes*; NSF I, S. 389)

Sprachkritik

ziberg bei Prag durch eine idealistische, fast magische Ding-beherrschung. Dabei erhält auch das Erzählen selbst eine solche magische, d. h. realitätsschaffende Funktion: »[…] wir kamen schnell genug in das Innere einer großen, aber noch unfertigen Gegend. Die Landstraße, auf der ich ritt, war steinig und stieg bedeutend, aber gerade das gefiel mir und ich ließ sie noch steiniger und steiler werden. […] Dabei fühlte ich, wie gesund mir der Ausritt in dieser guten Luft war und um ihn noch wilder zu machen, ließ ich einen starken Gegenwind in langen Stößen in uns blasen.« (NSF I, S. 140 f.)

Dieser humoristisch vorgebrachten Problematik zwischen Sprachtheorie, Erzähltheorie und Lebensphilosophie folgen die beiden 1909 publizierten Teile: die Gespräche mit dem »Beter«, dem »Betrunkenen« sowie darüber hinaus das »Gespräch mit dem Dicken«. Sie thematisieren den »Kampf« von subjektivem Denken und objektiver Dingwelt unter sprach-kritischen Vorzeichen. Dergestalt wird auch die Natur erfahren: Was von ihr sichtbar wird, ist nur Schein, buchstäblich eine Schattenwelt, die ebenso täuscht wie die Namen der Dinge: »Eine Laterne nahe an der Mauer oben brannte und legte den Schatten der Stämme über Weg und weißen Schnee, während der Schatten des vielfältigen Astwerkes umgebogen wie zerbrochen auf dem Abhang lag.« (NSF I, S. 120)

Kafka selbst hat die »Novelle« *Beschreibung eines Kampfes* als vorläufig und unfertig gesehen. Diese Kritik setzte sich auch in der bescheidenen Wirkung fort, etwa bei Hermann Hesse, der 1936 zwar die Entdeckung dieses Textes aus dem Nachlass in seiner Wichtigkeit hervorhebt, aber dennoch urteilt, er gehöre »trotz wundervoller Einzelheiten gewiss nicht zu Kafkas Meisterwerken« (KR, S. 404).

Betrachtung

Kurze Prosastücke, entstanden zwischen 1904 und 1912, erschienen in Teilen 1908 in *Hyperion* und 1910 in der *Bohemia* als erste Publikation Kafkas überhaupt, in Buchform im Dezember 1912 wiederum als seine erste selbständige Buchpublikation.

Vgl. S. 28 f. Die in der Buchform Ende 1912 bei Rowohlt in Leipzig erschienenen 18 Prosaminiaturen, die das Vorbild des schweize-

Werk

rischen Schriftstellers Robert Walser erkennen lassen, bilden keine unmittelbare erzählerische Einheit, auch wenn Kafka bestrebt war, eine solche durch die Anordnung der Miniaturen herzustellen. Klar unterscheidbar ist die Gruppe der acht 1908 (im *Hyperion*) und vier 1910 (in der *Bohemia*) erschienenen Stücke, die teils einzeln, teils im Kontext der *Beschreibung eines Kampfes* entstanden sind und zuerst ohne Titel, nur mit Nummern gedruckt wurden: *Der Kaufmann, Zerstreutes Hinausschauen, Der Nachhauseweg, Die Vorüberlaufenden, Kleider, Der Fahrgast, Die Abweisung, Die Bäume.* Zu diesen Stücken, die in der Buchfassung in der Mitte stehen, kommen zehn Stücke hinzu, die von 1910 bis August 1912 entstanden sind: zunächst die Gruppe am Anfang des Buches *Kinder auf der Landstraße, Entlarvung eines Bauernfängers, Der plötzliche Spaziergang, Entschlüsse, Der Ausflug ins Gebirge, Das Unglück des Junggesellen,* dann die letzte Gruppe des Bandes *Zum Nachdenken für Herrenreiter, Das Gassenfenster, Wunsch, Indianer zu werden* und *Unglücklichsein.*

Die Erstausgabe der *Betrachtung*, Rowohlt 1912

Anordnung

Diese Anordnung, die Kafka gemeinsam mit Max Brod und im Beisein von Felice Bauer am denkwürdigen 13. August 1912 (als Kafka Felice kennenlernte) vorgenommen hat, lässt den Versuch erkennen, den Miniaturen trotz ihrer Einzelstellung einen gewissen Zusammenhang zu geben: in der ersten Gruppe durch den Tagesablauf, in der mittleren zweiten Gruppe durch die Frage des Verhältnisses eines Individuums zur Gemeinschaft, und in der dritten Gruppe dominieren gleichnishafte Stücke (*Die Bäume, Wunsch, Indianer zu werden*). Allerdings ist diese thematische Ordnung nur begrenzt möglich, wie Kafka selbst Ende 1912 gegenüber Felice Bauer bemerkt: »Es wird ja niemand etwas damit anzufangen wissen.« (B I, S. 372)

Aufschluss über die Art dieser Prosastücke kann zunächst der Titel geben: »Betrachtung«, bewusst im Singular gehalten, steht in einem Gegensatz zu der vorangegangenen erzählenden »Beschreibung« und hat einen meditativen Charakter, auch im Verweis auf die lateinische *contemplatio*. Nicht so sehr um Handlung geht es in diesen Miniaturen, sondern vielmehr um Reflexion (vergleichbar etwa mit jener Form, die Walter Benjamin als »Denkbilder« bezeichnet hat), sei es in konkreten, meist marginalen Situationen wie etwa im »zerstreuten Hinausschauen«, sei es in Gleichnissen. So setzt der *Wunsch, Indianer zu werden* die Aporetik des Wünschens bildlich in Szene, indem sich der Wunsch im Zuge des Wünschens förmlich auflöst.

> »Wenn man doch ein Indianer wäre, gleich bereit, und auf dem rennenden Pferde, schief in der Luft, immer wieder kurz erzitterte über dem zitternden Boden, bis man die Sporen ließ, denn es gab keine Sporen, bis man die Zügel wegwarf, denn es gab keine Zügel, und kaum das Land vor sich als glatt gemähte Heide sah, schon ohne Pferdehals und Pferdekopf.« (Franz Kafka, *Wunsch, Indianer zu werden*; DL, S. 32)

Kafkas kleines »Büchlein, Heftchen« (B I, S. 176), in besonders großer Schrift gesetzt, wurde unterschiedlich aufgenommen. Musil etwa bemerkte 1914 in der »demütig erwählten Nichtigkeit« der Themen »ein Hinübertönen […] kleiner Endlosigkeiten ins Leere« (KRL, S. 34 f.). Wenn er dabei zugleich von »Seifenblasen« spricht, so ist das nicht nur kritisch gemeint, im Gegensatz zu Franz Werfel: »Das geht niemals über Bodenbach [die Grenzstation zwischen Österreich und Deutschland] hinaus.« (Haas 1957, S. 30) Max Brod wiederum, dem Kafka das Buch im Übrigen gewidmet hat, feiert dieses »Ereignis eines Buches«, indem er nicht nur die »mystische Versunkenheit in das Ideal« lobt, sondern auch »den zurückhaltenden, ins Allerfeinste durchgearbeiteten Menschen« Kafka (KRL, S. 25). Trotz weiterer positiver Rezensionen (Kurt Tucholsky, Albert Ehrenstein u. a.), blieb Kafkas Erstlingsbuch wenig beachtet und ließ sich entsprechend schlecht verkaufen. Das änderte sich auch nicht, als der deutsche Schriftsteller und Fontane-Preisträger Carl Sternheim 1915 sein Preisgeld an Kafka weitergab und sich Kurt Wolff daraufhin in der Hoffnung auf größeres Interesse für eine »Zweite Auflage« entschied (d.i. eine Übernahme der Restexemplare des Drucks bei Rowohlt).

Söhne, Strafen: Erzählungen 1912-1914

Der September 1912 bildet insofern eine Zäsur, als Kafka mit der Niederschrift der Erzählung *Das Urteil* zu einem geradezu rauschhaften Schreiberlebnis gelangte. Mit dem *Urteil* und nachfolgend der *Verwandlung* (November 1912), dem *Heizer* (Mai 1913) und der *Strafkolonie* (Oktober 1914) gelingt Kafka eine ganze Reihe von Erzählungen, in denen er gewissermaßen zu seiner eigenen Handschrift findet. Die Problemstellungen der frühen Texte werden in diesen Erzählungen radikalisiert und verdichtet. Sie lassen sich auf die höchst unsichere Stellung von Söhnen in familiären wie ökonomisch-gesellschaftlichen Konstellationen zusammenfassen: Vater-Mutter-Geschwister-Beziehungen, Freundschaften, Sexualität, Ehe, Beruf, gesellschaftliche Machtordnungen.

Man kann darin auf der einen Seite eine autobiographische Signatur erkennen, da es sich dabei um Koordinaten von Kafkas eigenen Problemkonstellationen in dieser Zeit handelt. Auf der anderen Seite weist dieses Erzählen aber auch eine historische Signatur auf, die den frühen Expressionismus wesentlich leitet – Psychoanalyse, Sozialismus, ab 1914 Krieg etc. –, ohne dass Kafka dieser Strömung eindeutig zugeordnet werden kann. Zwei Titelvorschläge Kafkas für geplante Erzählbände zeigen deutlich, dass in diesen Texten Konstellationen aus der Perspektive von »Söhnen« im Mittelpunkt stehen. Für einen Band, der *Das Urteil*, *Der Heizer* und *Die Verwandlung* vereinen sollte, schlug Kafka den Titel *Die Söhne* vor. Und noch im Sommer 1916 erwog er gegenüber seinem Verleger Kurt Wolff, *Das Urteil*, *Die Verwandlung* und *In der Strafkolonie* unter dem Titel *Strafen* in einem Band zusammenzufassen. Diese beiden Erzählbände kamen nie zustande, vielmehr sind die vier Erzählungen einzeln bei Kurt Wolff erschienen. Doch wird in Kafkas Stichworten »Söhne« und »Strafen« ein markanter thematischer Zusammenhang erkennbar.

Das Urteil

Erzählung, geschrieben in der Nacht vom 22. zum 23. September 1912, erschienen zuerst im Frühjahr 1913 in Max Brods »Jahrbuch für Dichtkunst« *Arkadia* sowie im Oktober 1916 als Band Nr. 34 in Kurt Wolffs Buchreihe »Der jüngste Tag«.

Vgl. S. 31 f.

Die Niederschrift dieser Erzählung war für Kafka eine einschneidende Erfahrung und schriftstellerische Bestätigung. Sie zeichnet sich zunächst durch die Geschwindigkeit und Kontinuität des Schreibens in einer einzigen Nacht aus. Dass Kafka *Das Urteil* Felice Bauer widmet, ist eine Hommage an

Autobiographische
Konstellation

die Geliebte und zugleich Verweis auf eine autobiographische Problemkonstellation. Formuliert ist dieser Verweis durch die Initialen F. B. in der Widmung sowie in der Erzählung im Namen der Verlobten »Frieda Brandenfeld«. Zudem leitet Kafka im Tagebuch den Namen des Protagonisten auch dieser Erzählung, Georg Bendemann, von seinem eigenen Namen her. (T, S. 492) Die familiäre und gesellschaftliche Versuchsanordnung scheint zunächst ebenso simpel wie harmlos: Georg Bendemann, ein junger Kaufmann, schreibt seinem Freund in Russland einen Brief, um ihn über seine Verlobung zu informieren und ihn zur Hochzeit einzuladen – eine scheinbare Idylle. Über das bevorstehende Ereignis will er seinen Vater informieren, der mit ihm in derselben Wohnung lebt. Während der Vater in einer bescheidenen und abgelegenen Kammer untergebracht ist und sich aus dem Geschäft zurückgezogen hat, bewohnt Georg die guten Räume und hat die Geschäftsleitung übernommen. Diese Konstellation birgt allerdings ein erhebliches Konfliktpotential: das Machtverhältnis zwischen Vater und Sohn, das offensichtlich einem ödipalen Muster folgt. Der Sohn entthront den verwitweten alternden Vater durch die Übernahme des Geschäfts und den Heiratsplan. Der Konflikt – der Widerstand des Vaters gegen diese Ablösung durch den Sohn – bricht jedoch nicht direkt, sondern vermittelt über den Freund aus. Georg nämlich scheut sich nicht nur, dem Vater seine Pläne zu verkünden, sondern auch dem Freund, der unverheiratet und beruflich erfolglos in Russland lebt. Diesem muss die schriftliche Anzeige der bürgerlichen Arrivierung (Beruf, Ehe) als Herausfor-

Manuskript-
anfang des
Urteils im Tage-
buch, geschrie-
ben nachts vom
22. auf den 23.
September 1912

derung und Machtdemonstration erscheinen, ist er doch in
beiden Lebensbereichen gescheitert.

Die Verbündung des Vaters mit dem Freund kündigt den
Umschlag der Idylle in die Katastrophe an. Der Vater wider-
strebt dem Ödipalisierungsversuch seines Sohnes, indem er
die Kräfteverhältnisse umkehrt und die aufstrebende Macht
des Sohnes bricht. Er tut dies zum einen physisch, indem er
sich in seiner Größe behauptet – »immer noch ein Riese«
(DL, S. 50) – und sich vor seinem Sohn im Bett aufrichtet:
»Du wolltest mich zudecken, das weiß ich, mein Früchtchen,
aber zugedeckt bin ich noch nicht. Und ist es auch die letzte
Kraft, genug für dich, zuviel für dich.« (DL, S. 56) Mit der
körperlichen Beherrschung dreht sich das archaische Macht-

verhältnis auch sozial um. Der Vater deklassiert den Heiratsversuch als misslungenen erotischen Vorstoß mit einer »widerlichen Gans« (DL, S. 57), während sich der Sohn unterwirft, indem er »neben dem Vater nieder[kniet]« (DL, S. 53). Mit dieser Umkehr der Ödipalisierung ist das Ende vorgezeichnet: Hier tötet nicht der Sohn den Vater, um die Mutter zu heiraten, sondern der Vater spricht – unter dem Vorwurf, der Sohn versuche eben dies – das Urteil gegen seinen Sohn: »Ich verurteile dich jetzt zum Tode des Ertrinkens!« (DL, S. 60). Dass Georg das Urteil an sich selbst vollstreckt, indem er aus dem Zimmer stürzt, zum Fluss rennt und sich ertränkt, zeigt, dass er die zurückgewonnene Vormachtstellung des Vaters akzeptiert und sich dagegen aufgibt. Er wird nicht Ehemann, Geschäftsführer, Vater, sondern regrediert zum abhängigen Sohn bis hin zur letzten Konsequenz: Er gibt jeglichen Machtanspruch auf, auch den bloßen Anspruch, zu leben.

Bezug zur Psychoanalyse, vgl. S. 32 Kafka hatte die Überzeugungskraft dieser Erzählung rasch erkannt, ebenso war ihm der starke Bezug zur Psychoanalyse bewusst. In dieser Erzählung wird eine nach Freud'schem Muster gescheiterte Ödipalisierung durchgespielt, wonach dem Sohn die Integration in Familie und Gesellschaft misslingt. So offensichtlich die psychoanalytische Versuchsanordnung ist, lässt sie sich doch nicht darauf reduzieren. Ein weiteres Thema ist etwa das Schreiben, konkret in Gestalt des Briefes an den Freund oder in der Eingangsszene, wenn der Protagonist als Briefschreiber auftritt: »den Ellbogen auf den Schreibtisch gestützt« (DL, S. 43), eine Geste, in der er lange verharrt und die mit Kafkas Schreibsituation zusammenfällt. Georg scheitert letztlich nicht nur als Ehemann und Geschäftsmann, sondern auch als Schriftsteller.

Kafka allerdings gelingt gerade mit dieser Geschichte so etwas wie ein ›Durchbruch‹ zum Schriftsteller. Davon sprachen schon die Zeitgenossen, etwa Paul Wiegler in der *Bohemia* nach Kafkas öffentlicher Lesung des *Urteils* in Prag Ende November 1912: Er sah hier den »Durchbruch eines großen, überraschend großen, leidenschaftlichen und disziplinierten Talentes« (KRL, S. 114). Die weiteren Rezensenten wie Kasimir Edschmid und Kurt Pinthus taten sich jedoch schwerer, insbesondere mit dem Urteilsspruch des Vaters. Ungeachtet dessen hielt Kafka *Das Urteil* für seine beste Erzählung.

Die Verwandlung

Erzählung, entstanden im November und Dezember 1912, gedruckt erstmals im Oktober 1915 in *Die weißen Blätter* sowie als selbständige Publikation im November 1915 bei Kurt Wolff als Nr. 22 / 23 der Reihe »Der jüngste Tag« mit einem Umschlagbild von Ottomar Starke.

Die Verwandlung, nur zwei Monate nach dem *Urteil* entstanden, führt die Versuchsanordnung der vorangegangenen Erzählung fort, indem die Familienkonstellation für den Sohn um Mutter und Schwester erweitert und die Geschäftswelt näher in den Blick gerückt wird. Die Nähe zu Georg Bendemann zeigt sich nicht zuletzt auch im Namen dieses neuerlichen Sohnes »Gregor Samsa«, da die Worte »Samsa« und »Kafka« offenkundig korrespondieren und der Autor damit das autobiographische Spiel fortsetzt.

Vgl. S. 38

Die erweiterte Versuchsanordnung gegenüber dem *Urteil* wird auch in den vielfachen Verwandlungen der Familie Samsa deutlich: Der Sohn Gregor verwandelt sich aus einem agilen, erfolgreichen Handelsreisenden und Junggesellen, der seine Familie im Wesentlichen alleine versorgt, in einen arbeitsunfähigen und unnützen ›Schädling‹ im eigenen Haus. Der Vater, anfangs ein Geschlagener, gezeichnet vom Zusammenbruch seines Geschäfts, nicht mehr erwerbsfähig und tatenlos, bloß noch Zeitung lesend im Bett liegend, gewinnt nach Gregors Arbeitsunfähigkeit neue Kräfte. Die Schwester, zu Beginn ein verwöhntes und unselbständiges Mädchen, entwickelt sich zu einer verantwortungsbewussten und erotisch anziehenden jungen Frau. Die Mutter schließlich entfaltet ebenfalls neuerliche erotische Verführungskraft. In dieser Familienmetamorphose gewinnen die anderen, was der Sohn verliert. Gregors Verwandlung zum »Ungeziefer« hat

Die Verwandlung 1915 bei Kurt Wolff mit einem Titelbild von Ottomar Starke. Im Vorfeld beschwört Kafka den Verleger: »Das Insekt selbst kann nicht gezeichnet werden.« (B III, S. 145)

zur Folge, dass er in seinem eigenen Zimmer langsam verhungert und schließlich verendet. Dieser Prozess ist wie Georgs Degradierung und Verurteilung zum Tod durch den Patriarchen eine fortschreitende Entmächtigung.

Entmächtigung

Konsequenterweise beschreibt Kafka die Verwandlung zum »Ungeziefer« keineswegs als bloße Imagination Gregors. Sie entfaltet ihre aufstörende Logik vielmehr im Realismus der Beschreibung: Alles wird mit unerbittlicher Sachlichkeit, geradezu mit einer Lust am Grotesken dieses Körpers detailgenau beschrieben. Zugleich lassen auch die Reaktionen der Familie in keinem Moment den Eindruck entstehen, die Verwandlung sei ein bloßer Traum Gregors. Damit verbietet sich eine Lesart als »phantastische« Geschichte. Dem Realismus des Beschriebenen – des Körpers, der Bewegungen und Verhaltensweisen des Ungeziefers ›Sohn‹ – gilt es gerecht zu werden. Der Kern dieses Geschehens liegt präzise darin, dass der Sohn einer kleinbürgerlichen Familie verweigert, was von ihm erwartet wird. »Wie wäre es, wenn ich noch ein wenig weiterschliefe«, fragt sich dieser Sohn, »›Ach Gott‹, dachte er, ›was für einen anstrengenden Beruf habe ich gewählt! Tagaus, tagein auf der Reise, [...] ein immer wechselnder, nie andauernder, nie herzlich werdender menschlicher Verkehr. Der Teufel soll das alles holen!‹« (DL, S. 116) Die Verwandlung in ein »Ungeziefer« verdeutlicht in ihrer bildlichen Drastik sowohl die Ursache als auch die Konsequenz dieser Verweigerung. Sie ist damit Protest *und* Ausweg aus einer Notsituation. Allerdings ist dies kein bewusster, sondern ein unbewusster Ausweg durch eine vom Körper vollzogene Verwandlung – im Unterschied zum »Ausweg« des Affen Rotpeter im *Bericht für eine Akademie*, der, in Gefangenschaft geraten, sich bewusst dafür entscheidet, Mensch zu werden, und als dergestalt Verwandelter erfolgreich überlebt. Gregors unbewusst-körperliche Rebellion führt dagegen nicht zu einem Erfolg, wie z. B. zu Freiheit oder Autorität, sondern nur zu verstärkter Demütigung. Mutter und Schwester widmen ihm zwar zunächst mehr Aufmerksamkeit, nehmen jedoch die Möbel aus

> »Als Gregor Samsa eines Morgens aus unruhigen Träumen erwachte, fand er sich in seinem Bett zu einem ungeheueren Ungeziefer verwandelt.« (Franz Kafka, *Die Verwandlung*; DL, S. 115)

seinem Zimmer. Der Vater bewirft ihn mit Äpfeln und verwundet ihn. Schließlich wird das kranke und verhungernde Ungeziefer schlicht vergessen. Das Aufbegehren des Sohnes mündet in völligen Macht- und Bedeutungsverlust.

Als Kafka am 24. November 1912 mit seiner »ausnehmend ekelhaften Geschichte« Felice Bauer »tüchtig Angst machen« (B I, 256 f.) wollte, ging es ihm keineswegs um eine Kritik an diesem Familiendrama, im Gegenteil: Er brachte *Die Verwandlung* damit auf dieselbe Produktionsebene wie *Das Urteil*, indem er die Erzählung als Ergebnis einer schriftstellerischen »Geburt« erscheinen ließ. Nicht zufällig beschreibt Kafka kurz darauf, am 3. Dezember, Felice gegenüber seinen Lebensplan als ebensolche Verwandlung vom braven Beamten zum schreckenerregenden Schriftsteller: »Durch dieses Schreiben [...] bin ich aus einem durchaus nicht musterhaften, aber zu manchen Sachen gut brauchbaren Beamten [...] zu einem Schrecken meines Chefs geworden.« (B I, S. 296) Die ekelhafte und angsteinflößende Gestalt ist auch der Schriftsteller Kafka.

Die Verwandlung ist, obwohl sie zu Kafkas bekanntestem Text geworden ist, von seinen Zeitgenossen uneinheitlich aufgenommen worden. Auf der einen Seite dominiert eine Psychologisierung der Verwandlung als »quälender Traum«, »Wahn« und »künstlerische Realisierung zwangsmäßiger Vorstellungen«, so etwa bei Eugen Loewenstein, der zugleich die »pessimistische Auffassung« Kafkas zurückweist, da dieser »im vornherein eine vorteilhafte Verwandlung ausschließt und resigniert einer sinnlosen, unendlichen Bosheit gegenübersteht« (KRL, S. 65 ff.). Auf der anderen Seite zielt der mehrfach – z. B. von Kasimir Edschmid, Robert Müller oder Hugo Wolf – gezogene Vergleich zu Gustav Meyrink auf eine »phantastische« Lesart (KRL, S. 61, S. 64, S. 72, S. 74), wobei Meyrinks »jenseitige« vor Kafkas realistische Phantastik gestellt wird, für die gelte: »die Zumutung ist zu groß« (ebd., S. 72).

In der Strafkolonie

Erzählung, entstanden im Oktober 1914, erschienen 1919 als vierter der »Neuen Drugulin-Drucke« bei Kurt Wolff.

Am 5. Oktober 1914 nahm sich Kafka eine Woche Urlaub, um am Roman *Der Process* zu schreiben, und verlängerte diesen um eine weitere Woche bis zum 18. Oktober. Während dieser Zeit entstand die Erzählung in einer intensiven Schreibphase »durchschnittlich bis 5 Uhr früh« (B III, S. 108). Im Zentrum der Erzählung steht der aufstörende Akt einer Bestrafung vermittels eines höchst kunstvollen Schreib-»Apparates«, der die Strafe in den Körper des Schuldigen eintätowiert. Damit handelt die Geschichte von drei Dingen: vom Strafen, vom Körper und vom Schreiben. Ein europäischer Forschungsreisender besucht die auf einer entlegenen Insel eingerichtete Strafkolonie einer europäischen Großmacht, um der Exekution eines Soldaten beizuwohnen. Dabei soll er vor allem den Exekutionsapparat begutachten, den der verstorbene Kommandant der Kolonie, zugleich »Soldat, Richter, Konstrukteur, Chemiker, Zeichner« (DL, S. 210), entworfen hat und der nun von einem Offizier bedient wird.

Der Apparat, das eigentliche Zentrum der Erzählung, wird dabei aus zwei Perspektiven gesehen. Auf der einen Seite steht die Perspektive des Forschungsreisenden, dem der Apparat schlicht als Folter- und Tötungsinstrument erscheint. Ein rechtsstaatliches Gerichtsverfahren mit Anklage und Verteidigung ist nicht vorgesehen, stattdessen wird dem Delinquenten das Urteil im Moment der Vollstreckung auf den Körper eingeschrieben. Auf der anderen Seite steht die Perspektive des Offiziers, der von moralischen und juristischen Fragen absieht und den Schreibapparat bloß in seiner technischen Vollkommenheit in einer rhetorisch und emotional starken Rede dem Forschungsreisenden präsentiert. Demnach besteht der Apparat aus drei Teilen: dem »Bett«, auf das der Verurteilte geschnallt wird, dem darüber befestigten »Zeichner« und einem dazwischen schwebenden, mit Nadeln besetzten Stahlband, der »Egge«, mit der dem Delinquenten der Schuld-

Erstausgabe von *In der Strafkolonie* 1919 als vierter der »Neuen Drugulin-Drucke«

Vgl. S. 60

spruch in einem zwölfstündigen Folterprozess buchstäblich »auf den Leib« geschrieben wird, bevor er von der Egge vollständig aufgespießt und in die »Grube« geworfen wird.

Indem der Leser zwar die moralischen Bedenken des Forschungsreisenden teilt, dabei aber Kafkas sachlicher und geradezu quälend detaillierter Beschreibung des Schreckens (wie in der *Verwandlung*) folgen muss, wird die Differenz zwischen moralischem Grauen und technischer Perfektion unmittelbar sinnfällig. Unheimlich ist dabei nicht vorrangig die von aller Moral losgelöste technische Rationalität des Offiziers, der die Perfektion einer Folter- und Tötungsmaschine anpreist. Unheimlich ist vor allem das untätige Beobachten des europäischen Humanisten, der das Unrecht dieser rein instrumentellen Vernunft zwar erkennt, jedoch – unter anderem aus Höflichkeit – nichts dagegen unternimmt; er reise nicht, »um fremde Gerichtsverfassungen zu ändern« (DL, S. 222). Dennoch hat seine kritische Erkenntnis der »Ungerechtigkeit des Verfahrens und der Unmenschlichkeit der Exekution« (ebd.) eine entscheidende Konsequenz, auch nachdem er dem Offizier offen gesagt hat: »Ich bin ein Gegner dieses Verfahrens.« (DL, S. 235) Mit dieser Aussage tritt eine überraschende Wende ein: Der Offizier befreit den Verurteilten und legt sich selbst unter die Egge, wobei ihm die Maschine das Gebot »Sei gerecht!« (DL, S. 238) in den Rücken ritzen soll. Die darauf folgende Selbstzerstörung des fanatischen Offiziers widerfährt auch der Maschine, »als presse irgendeine große Macht den Zeichner zusammen« (DL, S. 243). Anstatt dem Offizier das Gebot durch körperliche Einschrift sinnfällig zu machen, spießt sie ihn auf – »die Egge schrieb nicht, sie stach nur« (DL, S. 244) –, um den blutüberströmten Körper am Ende über der Grube hängen zu lassen, an dem »kein Zeichen der versprochenen Erlösung […] zu entdecken« war (DL, S. 245).

Wenn Kafka »Peinlichkeit« als Haltung gegenüber diesem Schrecken benennt, dann spielt er mit der Doppeldeutigkeit dieses Ausdrucks, der eine Angstlust gegenüber dem Schmerz andeutet. Nicht nur »dem Reisenden war es peinlich« (DL, S. 243), auch Kurt Wolff kritisierte die »Peinlichkeit« der Erzählung, was Kafka allerdings willkommen aufgriff: »Ihr Aus-

Peinlich im doppelten Sinn

setzen des Peinlichen trifft ganz mit meiner Meinung zusammen […]! Zur Erklärung dieser letzten Erzählung füge ich nur hinzu, daß nicht nur sie peinlich ist, daß vielmehr unsere allgemeine und meine besondere Zeit gleichfalls sehr peinlich war und ist und meine besondere sogar noch länger peinlich als die allgemeine.« (B III, S. 253) Mit dem persönlich Peinlichen meinte Kafka wohl den Konflikt zwischen seinem Eheplan mit Felice und dem Schreiben, das sich in der Erzählung förmlich gegen den Schriftsteller wendet. Auf das Peinliche der Zeit wiederum verweisen Kafkas Quellen: etwa ein erotisches Peinliches wie in Octave Mirbeaus Roman *Le jardin des supplices* (1899), den Kafka in deutscher Übersetzung (*Der Garten der Qualen*, 1903) kannte. Oder ein bürokratisches Peinliches, wie es der Ökonom, Soziologe und Doktorvater Kafkas Alfred Weber in seinem Aufsatz *Der Beamte* (1910) mit der Metaphorik eines irrationalen Beamtenapparates beschrieben hat. Auch ein jüdisches Peinliches ist angesprochen, konkret am höchst kontroversen Fall der »Dreyfus-Affäre« im Frankreich des ausgehenden 19. Jahrhunderts, als der französisch-jüdische Offizier Alfred Dreyfus unschuldig verurteilt und in eine Strafkolonie deportiert wurde. Ein kolonialistisches Peinliches schließlich, wenn etwa im Forschungsreisenden der Kriminalist Robert Heindl vermutet werden kann, dessen Bericht über Neukaledonien *Meine Reise nach den Strafkolonien* 1912 in Prager Tageszeitungen abgedruckt wurde.

Dieses vielfache »Peinliche« wollten Kafkas Zeitgenossen lieber nicht zur Kenntnis nehmen. Schon die öffentliche Lesung in München am 10. November 1916 in der »Galerie Neue Kunst Hans Goltz« stieß in der Münchner Presse auf Ablehnung. Als »abstoßend« wurde Kafkas »Groteske« empfunden, den Autor nannte man einen »Lüstling des Entsetzens« (KRL, S. 120 f.). »Ekel« (KRL, S. 97) ist auch der Tenor der Rezensionen nach dem Druck 1919, mit Ausnahme von Kurt Tucholskys begeisterter Rezension, die ironisch endet und so auf das Verstörende hinweist: »Ihr müßt nicht fragen, was das soll. Das soll garnichts. Das bedeutet garnichts. Vielleicht gehört das Buch auch garnicht in diese Zeit, und es bringt uns sicherlich nicht weiter.« (KRL, S. 96)

Der Schuldlose und der Schuldige:
Die frühen Romane 1912-1914

Parallel zu diesen ersten großen Erzählungen arbeitete Kafka in einer fruchtbaren Schaffensphase seit der Niederschrift des *Urteils* an den Romanprojekten *Der Verschollene* (September 1912 bis Januar 1913) und *Der Process* (Sommer 1914 bis Januar 1915). In beiden Texten greift Kafka thematisch die Problemstellungen der drei großen Erzählungen auf und führt sie in komplexeren Handlungen fort. Zwar konnte er diese Projekte nicht zu einem Ende bringen, doch er wählte aus beiden Textkonvoluten je einen Teil zur Publikation: aus dem *Verschollenen* das Fragment *Der Heizer* (1913), aus dem *Process* die Parabel *Vor dem Gesetz* (Ende 1915).

Die auch inhaltliche Zusammengehörigkeit der beiden Romane hat Kafka im Tagebuch Ende September 1915 festgehalten: »Roßmann und K., der Schuldlose und der Schuldige, schließlich beide unterschiedslos strafweise umgebracht, der Schuldlose mit leichterer Hand, mehr zur Seite geschoben als niedergeschlagen.« (T, S. 757) Das deutet auf eine komplementäre Versuchsanordnung hin, die um die Frage der Schuld angelegt ist, im *Process* freilich offensichtlicher als im *Verschollenen*.

Das zweite Buch: *Der Heizer* (1913), die Nr. 3 in Kurt Wolffs Reihe »Der jüngste Tag«

Der Verschollene / Der Heizer

Romanfragment, entstanden größtenteils von September 1912 bis Januar 1913. Das erste Kapitel des Fragments, *Der Heizer,* erschien im Mai 1913 als Nr. 3 von Kurt Wolffs Reihe »Der jüngste Tag«. Erster vollständiger Druck posthum 1927, von Max Brod unter dem Titel *Amerika* veröffentlicht.

Anhaltspunkte für die Entstehung des Romans geben Tagebuchaufzeichnungen Max Brods: »Kafka in Ekstase, schreibt die Nächte durch. Ein Roman, der in Amerika spielt«, notiert er am 29. September 1912, erneut am 1. Oktober: »Kafka in unglaublicher Ekstase.« (FK, S. 156) Am 11. November berichtet Kafka Felice Bauer von einer »Geschichte, die ich schreibe und die allerdings ins Endlose angelegt ist«, sie »heißt, um

Vgl. S. 38

Ihnen einen vorläufigen Begriff zu geben, ›Der Verschollene‹ und handelt ausschließlich in den Vereinigten Staaten von Nordamerika. Vorläufig sind 5 Kapitel fertig« (B I, S. 225). Diese intensive Schreibphase im Anschluss an *Das Urteil* kommt Ende Januar 1913 zum Erliegen. Am 26. Januar 1913 gesteht Kafka gegenüber Felice Bauer: »Mein Roman! Ich erkläre mich vorgestern abend vollständig von ihm besiegt.« (B II, S. 63) Der hier abgebrochene Roman erhält in den folgenden Jahren – im Sommer 1914 und im Sommer 1916 – nur noch wenige Ergänzungen, er bleibt – »ins Endlose angelegt« – Fragment.

Amerika ist für Kafkas jugendlichen Helden des *Verschollenen*, Karl Roßmann, zunächst nichts anderes als eine Art Strafkolonie. Seine Familie hat ihn als Strafe dorthin geschickt, weil er sich von einem Hausmädchen hatte verführen lassen. Seine letztlich unschuldige »Schuld« eilt Karl Roßmann voraus, auch wenn es zunächst scheint, als wäre er – gemäß einem Klischee – in Amerika im Land der Freiheit und unbegrenzten Möglichkeiten angelangt, als könne er also hier neu anfangen.

> »Als der siebzehnjährige Karl Roßmann, der von seinen armen Eltern nach Amerika geschickt worden war, weil ihn ein Dienstmädchen verführt und ein Kind von ihm bekommen hatte, in dem schon langsam gewordenen Schiff in den Hafen von Newyork einfuhr, erblickte er die schon längst beobachtete Statue der Freiheitsgöttin wie in einem plötzlich stärker gewordenen Sonnenlicht. Ihr Arm mit dem Schwert ragte wie neuerdings empor und um ihre Gestalt wehten die freien Lüfte.« (Franz Kafka, *Der Verschollene*; V, S. 7)

Die »Freiheitsgöttin«, die der Amerikaeinwanderer naturgemäß als Erstes wahrnimmt, hält jedoch keine Fackel, sondern ein »Schwert« in der Hand, womit die »freie Luft« Amerikas symbolisch unter das Vorzeichen von Schuld und Strafe gestellt ist. Schon dadurch wird deutlich, dass die Freiheit eines zweiten Anfangs nur eine scheinbare ist. Denn dieses Amerika funktioniert in Wirklichkeit nach härteren Gesetzen, für die das Stichwort »Kapitalismus« zwar nicht aus-, aber doch angesprochen wird, wenn etwa Kafka seinem Verleger angibt, in seinem Text »das allermodernste New Jork« (B II, S. 196) vorzustellen. In der Tat porträtiert er eine moderne Großstadt mit »drängendem Verkehr«, einem »Saal der Telephone«, Streiks, Wahlveranstaltungen, Coca Cola (»schwarze Flüssigkeit«) etc. Am jungen Karl Roßmann brechen so Mythos und Realität Amerikas auseinander. Für den Auswanderer aus Europa bleibt nur der Überlebenskampf in einer rationalisierten Welt, in der so etwas wie Gerechtigkeitssinn nur hinderlich ist.

Die Stationen dieser Irrfahrt des »Verschollenen« gestalten sich folgerichtig nicht als Auf-, sondern als Abstieg. Dass sich sein Onkel, ein amerikanischer Selfmademan und Inhaber eines großen Transportgeschäfts, seiner annimmt, scheint zwar zunächst gesellschaftlichen Aufstieg zu versprechen, doch etabliert sich hier ein Muster, das auch für die folgenden Stationen seines Irrens gilt: Die Einrichtung, die ihn aufnimmt, verstößt ihn nach kurzer Zeit wieder, da er ihrer Rationalität nicht entsprechen kann. Sein Onkel verstößt ihn wegen der Annahme einer Einladung. Dasselbe widerfährt ihm, als er daraufhin als Liftboy im »Hotel Occidental« unterkommt und erneut schuldlos entlassen wird; man wirft ihm Dienstpflichtverletzung vor. Auf der untersten sozialen Stufe angelangt, arbeitet er als Laufbursche in einem Vorstadtbordell namens »Unternehmen Nr. 25«: »Hier aber wußte er nicht, was zu tun wäre.« (V, S. 384) In dem amerikanischen »System von Abhängigkeiten«, wie Kafka den Kapitalismus nannte, kommen Karl Roßmann die alteuropäischen Werte ebenso wie Raum- und Zeitgefühl abhanden, zuletzt seine eigene Geschichte und Identität. Symptomatisch dafür ist, dass er das Foto der Eltern verliert und seinen Namen verleugnet.

An diesem Tiefpunkt der Selbstvergessenheit scheint das im unvollendeten Schlusskapitel auftretende »Teater von Oklahama« eine Art sozialutopisches Gegenmodell zu Amerika zu bieten, indem dieses alle Menschen aufzunehmen und eine freie Existenz verspricht: »Das große Teater von Oklahama ruft Euch! […] Jeder ist willkommen! […] Wir sind das Teater, das jeden brauchen kann.« (V, S. 387) Brod behauptet im

Tiefpunkt der Selbstvergessenheit

Nachwort zu seiner Edition von 1927 unter Berufung auf Gespräche mit Kafka, dass der Protagonist »in dem ›fast grenzenlosen Theater‹ Beruf, Freiheit, Rückhalt, ja sogar Heimat und
Eltern wie durch paradiesischen Zauber finden werde« (KR,
S. 187). Diese Wende zum Guten am Schluss ist allerdings
zweifelhaft, nicht zuletzt angesichts Kafkas Tagebuchnotiz,
wonach der schuldlose Roßmann nicht anders als der schuldige K. enden sollte: »strafweise umgebracht«, wenn auch »mit
leichterer Hand, mehr zur Seite geschoben als niedergeschlagen« (T, S. 757).

Einen wichtigen Hinweis darauf gibt der Name »Negro«,
wie sich Karl Roßmann am Ende nennt, dies weniger, weil
er als Kryptogramm seiner früheren Namen Georg und Gregor gelesen werden kann, sondern vorrangig, weil darin auf
eine Quelle Kafkas angespielt wird (neben anderen Quellen
wie Charles Dickens' *David Copperfield*): Arthur Holitschers
Amerika-Buch *Amerika heute und morgen* (1912), in dem
Amerika als Land eines ins Unheimliche umschlagenden, ent-
fesselten Modernisierungsrausches dargestellt wird. Aus Holitschers Buch stammt nicht nur der fehlerhafte Name »Oklahama« (statt »Oklahoma«), sondern auch ein Hinweis auf den
Namen »Negro«: Mit der ironischen Unterschrift »Idyll aus
Oklahoma« findet sich dort eine Fotografie einer Lynchjustiz
an einem »Neger«, der an einem Baum aufgehängt wird, um-
ringt von Amerikanern (Holitscher 1912, S. 367). Das verweist
sowohl auf den tödlichen Ausgang des *Verschollenen* sowie auf
seinen Charakter als Außenseiter der amerikanischen Gesellschaft, da dieser nur im rechtlosen, a priori schuldigen Zustand lebt. »Schuld also bin ich« (V, S. 243), erkennt »Negro«
alias Karl Roßmann, ohne tatsächlich schuldig zu sein. Darin
ist er zudem nicht nur »Neger«, sondern auch Jude, ein Vergleich, den Kafka ebenfalls bei Holitscher finden konnte. »We
are in the same boat«, zitiert Holitscher einen »Neger« über
die Juden in Amerika. Beide sind hier Exterritoriale, die stets
»zur Seite geschoben« und am Ende vielleicht gar »niedergeschlagen« (T, S. 757) werden.

Die Rezensionen zum ersten Kapitel des Fragments *Der Heizer* im Sommer 1913 fielen durchweg positiv aus: als »ein voll-

kommenstes Stück neuer deutscher Prosa« feiert es Heinrich Eduard Jacob (KRL, S. 43), Otto Pick als »Beweis einer reinen, menschlich fundierten, sprachlich vollendeten Kunst«, gar als »rätselvolle Offenbarung einer nach verborgenen Gesetzen schaffenden Persönlichkeit« (KRL, S. 44 f.). Camill Hoffmann kritisiert die Handlung zwar als »geringfügig«, »nicht anlockend«, lobt aber umso mehr Kafkas Sprache (KRL, S. 4 ff.), während Ernst Weiß in seiner Rezension Kafka ermutigt, doch den ganzen Roman zu veröffentlichen: »Nach dieser Probe, nach diesem ersten Kapitel erwarten wir den Roman. Es wird der Roman eines Mannes, das Werk eines Dichters sein.« (KRL, S. 50) Als das Werk dann erscheint, wird es als »das weltlichste Buch Kafkas« (KR, S. 196) hervorgehoben, das aber »in der ausschließlichen Anerkennung des Realen, Praktischen, im Anti-Magischen schon wieder phantastisch« ist (KR, S. 204), so Oskar Baum 1929 über »das Märchen Amerika«.

Der Process / Vor dem Gesetz

Romanfragment, entstanden von August 1914 bis Januar 1915. Die »Türhüterparabel« *Vor dem Gesetz* erschien gesondert Ende 1915 (Jahresangabe 1916) im Kurt-Wolff-Almanach *Vom jüngsten Tag*. Als Ganzes erschien der Roman erstmals 1925, herausgegeben von Max Brod im Verlag Die Schmiede.

Der Roman ist das Hauptergebnis einer fruchtbaren, etwa sechsmonatigen Arbeitsphase. Eben aus Berlin von der Entlobung mit Felice Bauer im Askanischen Hof zurück, die er selbst als »Gerichtshof im Hotel« bezeichnet (T, S. 658), notiert Kafka am 28. Juli 1914: »Wenn ich mich nicht in einer Arbeit rette, bin ich verloren.« (T, S. 663) Kurz darauf, wohl am 11. August, begann er mit der Niederschrift des neuen Romans, am 15. August notiert er: »Ich schreibe seit paar Tagen, möchte es sich halten. […] immerhin habe ich doch einen Sinn bekommen, mein regelmäßiges, leeres, irrsinniges junggesellenmäßiges Leben hat eine Rechtfertigung.« (T, S. 548 f.) Diese produktive Schreibphase hielt bis kurz nach dem Jahreswechsel 1914 / 1915 an, danach hat Kafka kaum noch an dem Roman geschrieben. Am 20. Januar notiert er: »Ende

Vgl. S. 38, S. 129 u. S. 131 ff.

des Schreibens. Wann wird es mich wieder aufnehmen?« (T, S. 721) Der Roman bleibt zwar Fragment, weist aber eine gewisse Geschlossenheit und Richtung dadurch auf, dass Kafka das erste Kapitel (»Verhaftung«) und das letzte Kapitel (»Ende«) gleichzeitig am Anfang geschrieben hat. Unterstrichen wird diese Geschlossenheit durch den Handlungsverlauf: Das Geschehen erstreckt sich vom Morgen des 30. Geburtstags des Protagonisten Josef K. bis zum Vorabend des 31., an dem er exekutiert wird. Unsicher bleibt dagegen die Anordnung der als Konvolute überlieferten Kapitel (und Kapitelfragmente).

Seit Elias Canettis Essay *Der andere Prozeß. Kafkas Briefe an Felice* (1969) wird Kafkas Rede vom »Gerichtshof« in Berlin anlässlich der Trennung von Felice Bauer allzu eindeutig als biographischer Anlass des Romans behauptet. Wenn Kafka von »Gericht«, »Process« und »Gesetz« spricht, meint er damit aber gerade keinen konkreten Fall, sondern ein allgemeines, undurchschaubares Geschehen, dem weder herkömmliche rechtlich-moralische Kategorien (Schuld, Recht, Strafe) noch juristische Institutionen und Akteure (Gericht, Richter, Advokaten, Gerichtsdiener) entsprechen. Im Roman wird der Bankprokurist Josef K. unversehens mit der fremden **Fremde Wirklichkeit** eines Gerichts konfrontiert, dessen Gesetzlichkeit, Verfahren und Sprache äußerst ungewöhnlich und unverständlich sind, das aber sein privates wie berufliches Leben mehr und mehr ausfüllt und schließlich alles zu bestimmen scheint. Die Handlung wird wesentlich dadurch vorangetrieben, dass Josef K. versucht, diese fremde, weitverzweigte Welt des Gerichts und das undurchschaubare Verfahren des Prozesses zu verstehen. Gerade das aber gelingt ihm nicht. Seine Deutungsversuche des Prozesses und damit verbunden seine Selbsteinschätzung in diesem Geschehen erweisen sich immer neu als Fehlinterpretationen, die ihren hermeneutischen Grund darin haben, dass er unbeirrt mit seinen konventionellen rationalen Denkkategorien zu verstehen versucht, was offenkundig nur auf anderem Weg zu verstehen wäre.

»Was waren das für Menschen? Wovon sprachen sie? Welcher Behörde gehörten sie an? K. lebte doch in einem Rechtsstaat, überall herrschte Friede, alle Gesetze bestanden aufrecht.« (Franz Kafka, *Der Process*; P, S. 11)

In der Interpretationsgeschichte des Romans, die unweigerlich wie sein Protagonist mit derselben Aufgabe des Verste-
hens konfrontiert wurde, begegnete man dieser irritierenden
Alterität des Geschehens vor allem durch drei Ansätze: 1. Die
biographische Auflösung, indem der Prozess als verschlüs-
seltes und hintergründiges privates Geschehen aufzufassen sei
(insbesondere die Beziehung zu Felice). 2. Die religiöse Übertragung des Prozesses, indem das Gesetz, das Gericht und seine Instanzen als jenseitige Akteure verstanden werden, der
Prozess als ein mystisches Geschehen etwa im Sinne der Kabbala. 3. Die psychologische Übertragung des Prozesses, indem
seine äußeren Ereignisse und Instanzen als symbolische Trans-
positionen einer inneren Welt verstanden werden.

**Drei
Ansätze**

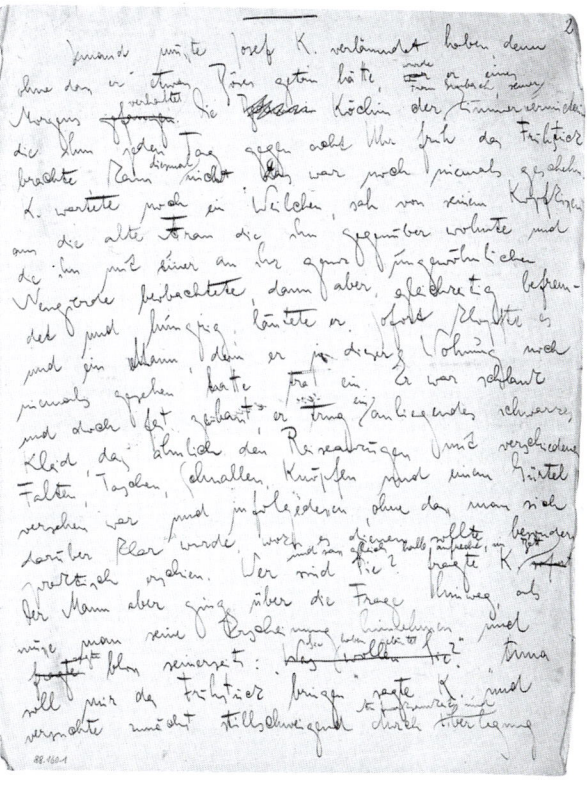

»Jemand mußte
Josef K. verleum-
det haben ...«:
Anfang des
Process-Manu-
skripts, August
1914

Solche Interpretationsversuche sind mit ihrer Annahme, einen Schlüssel zum Verständnis für das irritierende Geschehen gefunden zu haben, allerdings notwendig unzutreffend. Auch der Protagonist Josef K. löst seine Aufgabe, dieses Geschehen zu interpretieren, vom ersten Moment seiner Verhaftung an nicht weniger problematisch, ja regelrecht verhängnisvoll. Das zeigt schon der Romananfang: »Jemand mußte Josef K. verleumdet haben, denn ohne daß er etwas Böses getan hätte, wurde er eines Morgens verhaftet.« (P, S. 7) Das ist keineswegs eine klare Ausgangslage. Vielmehr sind dies zwei Mutmaßungen durch Josef K.: dass ihn jemand »verleumdet« haben »mußte«, und dass er »etwas Böses getan hätte«. Mehr noch: Selbst der Umstand, dass er »angeblich verhaftet« (P, S. 23) sei, erweist sich als höchst unsicher. In den folgenden Gesprächen mit der Vermieterin und der Zimmernachbarin wird die Verunsicherung der Verhaftung weitergetrieben. Er sei »zwar verhaftet, aber nicht so wie ein Dieb verhaftet wird« (P, S. 33), meint die Vermieterin, während Josef K. die Verhaftung gar als Komödie interpretiert und darüber »lacht« (P, S. 65): »War es eine Komödie, so wollte er mitspielen.« (P, S. 12) Freilich ist auch dies nur ein neuer Irrtum, ebenso wie seine Interpretation der Verhaftung in der folgenden »ersten Untersuchung«. Keinen »groben Spaß« einiger Arbeitskollegen zu seinem Geburtstag, sondern die Verschwörung einer »Organisation« sieht er nun am Werk. Dabei wird er zum paranoiden Zeichendeuter und Verschwörungstheoretiker. Schon das Haus, in dem die Untersuchung stattfinden soll, glaubt er »an irgendeinem Zeichen« (P, S. 53) erkennen zu können und im Untersuchungssaal wittert er zwischen dem Publikum und den gerichtlichen Vorstehern Verabredungen durch »geheime Zeichen« (P, S. 67), was ihn schließlich zu einer monströsen politischen Interpretation des Prozesses als willkürliches Verfahren gegen Unschuldige und des Gerichts als einer »großen Organisation« (P, S. 69) verleitet, wobei er in die Rolle eines sozialkämpferischen Redners fällt. Die weiteren Stationen in Josef K.s Umgang mit dem Prozess folgen dieser problematischen Auslegung. Ob beim Advokaten Huld, beim Gerichtsmaler Titorelli oder beim Geistlichen im Dom: Er bleibt darauf fixiert, das Geschehen als ein ihm Äußeres zu verstehen und so Herr der Lage zu werden. Der Konflikt entsteht stets daraus, dass seine Interpretationen auf falschen Voraussetzungen beruhen.

Symptomatisch dafür ist die Interpretation der Türhüter- **Türhüter-**
parabel *Vor dem Gesetz* im »Dom«-Kapitel, ein Kernstück des **parabel**
Romans. Ausgangslage ist die Parabel eines »Mannes vom
Lande«, der bei dem Türhüter vor den Toren des Gesetzes immer wieder und erfolglos Einlass begehrt, um dort sein Leben
mit Nachfragen, Warten und einem jahrelangen, zunehmend
»kindischen« Interpretieren zu verbringen, bis der Türhüter
kurz vor dem Tod des Mannes das Tor schließt und erklärt:
»[...] dieser Eingang war nur für Dich bestimmt. Ich gehe
jetzt und schließe ihn.« (P, S. 294 f.) Entscheidend ist nicht die
Parabel allein, sondern auch ihre Interpretation durch Josef
K. und den Geistlichen. Bereits einleitend stellt sie der Geistliche – an Josef K. gerichtet – als ein legendenhaftes Beispiel
für das Problem der Täuschung vor: »›Täusche Dich nicht‹,
sagte der Geistliche. ›Worin sollte ich mich denn täuschen?‹
fragte K. ›In dem Gericht täuschst Du Dich‹, sagte der Geistliche, ›in den einleitenden Schriften zum Gesetz heißt es
von dieser Täuschung: Vor dem Gesetz steht ein Türhüter.«
(P, S. 292) Wie wenig Josef K. den didaktischen Wink mit die- **Parabel über**
ser Parabel über die Täuschung versteht, zeigt auch ihre nach- **die Täuschung**
folgende Interpretation über die möglichen Täuschungen
zunächst der Figuren der Legende, sodann auch Josef K.s. Gegen dessen vorschnelle Interpretationen macht der Geistliche
auf den Meinungscharakter aller Deutungen aufmerksam, die
keinen Anspruch auf Richtigkeit erheben können: »Richtiges
Auffassen einer Sache und Mißverstehn der gleichen Sache
schließen einander nicht vollständig aus.« (P, S. 297) Die Differenz von Wahrheit und Schein erweist sich als eine Frage der
Perspektive. Eines aber bleibt in diesem kreisenden Universum des Scheins und der Täuschung als Fixpunkt: der Wortlaut der Schrift: »Du mußt nicht zuviel auf Meinungen achten. Die Schrift ist unveränderlich und die Meinungen sind
oft nur ein Ausdruck der Verzweiflung darüber.« (P, S. 298)
Ebendiesen Wortlaut der Schrift, Angaben darüber also, wie

Prozess und Gericht zu verstehen sind, überhört Josef K. konsequent. So verkennt er etwa die Umkehr von Schuld und Beschuldigung in diesem Verfahren: Nicht gerichtliche Instanzen gehen auf Josef K. zu – auch wenn dies anfangs so scheinen mag –, sondern umgekehrt: Das Gericht wird, wie die Wächter bei der Verhaftung erklären, »von der Schuld angezogen und muß uns Wächter ausschicken. Das ist Gesetz.« (P, S. 14) In der Tat leitet dieses gleichsam magische »Gesetz« das Romangeschehen sehr viel mehr als rechtsstaatliche Verfahren. Demnach bringt der Schuldige selbst den Prozess gegen sich in Gang und verstrickt sich unweigerlich immer tiefer, je größer seine Anstrengungen werden, den Prozess von sich abzustreifen und zu beenden.

Einsicht in diese notwendige Ausweglosigkeit aus dem Prozess könnte Josef K. bei dem Gerichtsmaler Titorelli erlangen. Nach dessen Meinung gibt es »drei Möglichkeiten« des Prozessverlaufs: »die wirkliche Freisprechung, die scheinbare Freisprechung und die Verschleppung« (P, S. 205). Es ist konsequent im Sinne des Gerichts, wenn nach Titorelli eine »wirkliche Freisprechung« nicht durch Verteidigung, sondern nur durch die »Unschuld des Angeklagten« erreichbar ist. Allerdings bestehen darüber bloß Legenden, keine Akten. Tatsächlich erreichbar ist nur die »scheinbare Freisprechung« und insbesondere die »Verschleppung« – und damit letztlich die Unmöglichkeit des Freispruchs.

Gemäß Kafkas gesetzter Ziellinie steuert Josef K. jedoch auf die Exekution zu. Dieser Verlauf entspricht wiederum weniger dem Willen des Gerichts als vielmehr demjenigen des Schuldigen. Das erklärt auch, dass Josef K. den beiden Henkern, die ihn abholen, um ihn in einem Steinbruch zu töten, keinerlei Widerstand bietet, im Gegenteil: Er drängt diese sogar vorwärts und erkennt zuletzt die »Pflicht«, sich das Messer selbst in seinen Körper einzubohren. Indem ihm aber auch diese ›Pflichterfüllung‹ nicht gelingt, stirbt er »wie ein Hund«, »als sollte die Scham ihn überleben« (P, S. 312).

Die 1925 mit dem Druck des Romans einsetzende Wirkung ist gekennzeichnet von einer Schwierigkeit, die derjenigen Josef K.s im Umgang mit seinem Prozess vergleichbar ist. Die

Unabänderlichkeit und zugleich parabolische Vieldeutigkeit des Werkes stellte die Leser vor die Frage: »Wer spricht? Was ist das?« – »Hier weißt du gar nichts. Du tappst im Dunkel«, antwortete Kurt Tucholsky (KR, S. 107). Das verrätselte Geschehen provozierte religiöse Lektüren, nicht nur durch Max Brod, Felix Weltsch und Willy Haas. Auch Hermann Hesse glaubte in diesem »beglückenden Buch« ein »Gespinst aus zartesten Traumfäden« und damit keinen »artistischen«, sondern letztlich einen »religiösen« Sinn zu entdecken: »Frömmigkeit«, »Devotion«, »Ehrfurcht« (KR, S. 98 f.), und Manfred Sturmann erkannte »heilige Büßer« (KR, S. 121). Ernst Weiß wiederum sah im *Process* den »Detektivroman einer Seele«: »Von sich selbst angeklagt und von sich selbst verurteilt.« (KR, S. 98) Allerdings war ihm diese Symbolisierung offenbar selbst nicht geheuer: Was damit bleibe, sei »eine Welt von Gespenstern« (KR, S. 95). Unter den Rezensionen dieses vielbeachteten Romans befand sich auch die des Volkskundlers Will-Erich Peuckert, der im *Process* die moderne Gestalt des »Unheimlichen« erblickte: das Alltägliche in seiner anderen, »widergöttlichen«, »grotesken« und »spukhaften« Gestalt (KR, S. 129 ff.).

Im Dunkeln
tappen

Traum, Tiere, Totenschrift: Erzählungen 1916-1917

Nach dem Abbruch der Arbeit am *Process*-Roman Anfang 1915 folgte ein fast »2 jährige[s] Nichtschreiben« (B III, S. 277), das Kafka erst Ende November 1916 überwinden konnte. Zwischen November 1916 und April 1917 entstanden in dem Häuschen in der Alchimistengasse unter anderem jene Erzählungen, die 1919 unter dem Titel *Ein Landarzt* publiziert wurden, darunter *Ein Landarzt, Auf der Galerie, Ein Bericht für eine Akademie, Schakale und Araber, Die Sorge des Hausvaters, Eine kaiserliche Botschaft, Elf Söhne.* Eine Reihe weiterer Erzählungen, vielfach Fragmente, die Kafka in Oktavhefte geschrieben hat, gelangten nicht mehr zum Druck. Sie wurden in größeren Teilen in dem Band *Beim Bau der chinesischen Mauer* (1931) posthum von Max Brod herausgegeben, allerdings in einer von ihm redigierten Fassung.

Kafka dachte schon Ende April 1917 an eine Veröffentlichung

von zunächst zwölf der neuen Erzählungen. Diese jedenfalls
bot er Martin Buber zur Publikation in seiner Zeitschrift *Der
Jude* an (B III, S. 297). Buber entschied sich für *Schakale und
Araber* sowie *Ein Bericht für eine Akademie*, die im Herbst 1917
unter dem von Kafka vorgeschlagenen Titel »Zwei Tiergeschichten« erschienen. Aber auch andere Texte dieses Konvo-
luts wurden vorab gedruckt: In Kurt Wolffs Almanach *Die
neue Dichtung* (1918) erschien *Ein Landarzt*, in der Prager
jüdischen Wochenschrift *Selbstwehr* im September 1919 *Eine
kaiserliche Botschaft* sowie im Dezember 1919 *Die Sorge des
Hausvaters*. Der Druck einer neuen Erzählsammlung wiederum nahm Gestalt an, als Kafka Kurt Wolff 1917 die Publikation von 13 Texten unter dem Titel *Ein Landarzt. Kleine
Erzählungen* vorschlug. Erst um den Jahreswechsel 1918/19
korrigierte Kafka die Fahnen, wobei auch die Korrektur
des Titelblattes überliefert ist, aus der ersichtlich wird, dass
Wolff mit dem Untertitel »Neue Betrachtungen« an Kafkas
ersten Band anschließen wollte. Kafka jedoch verbesserte seiner ursprünglichen Vorstellung gemäß in »Kleine Erzählungen«.

Ein Landarzt. Kleine Erzählungen

Erzählungen, entstanden zwischen November 1916 und April 1917,
erschienen Ende 1919 im Kurt Wolff Verlag, nachdem einzelne Stücke zwischen Herbst 1917 und Dezember 1919 vorab in Zeitschriften
gedruckt wurden.

Vgl. S. 61 Die 14 meist nur kurzen Erzählungen dieses Bandes schließen
ansatzweise an den Kontext des *Process*-Romans an, insbesondere zwei Texte: die hier erneut abgedruckte Parabel *Vor dem
Ein Traum Gesetz* sowie der kurze Text *Ein Traum*, der zuerst 1917 in der
Sammelschrift *Das jüdische Prag* erschienen war. Bei letzterem
handelt es sich um den Traum eines »Josef K.«, der einen losen Zusammenhang zum Protagonisten des *Processes* aufweist.
Der Text entfaltet und verdichtet den Bezug zwischen (lite-
rarischer) Schrift und Tod. Josef K. beobachtet hier – im
Traum – am Ende aus dem Grab, wie ein Künstler Josef K.s
Name auf einen Grabstein »mit mächtigen Zieraten« – in
vollkommen geformten goldenen Buchstaben – einschreibt.

Werk

(DL, S. 298) Die Schrift, so will es dieser Schreibtraum, geht
einher mit dem Tod des Autors. Dieser Josef K. gibt im Traum
– »entzückt« – sein Leben für die Literatur.

Die Titelerzählung *Ein Landarzt* erweitert diesen artistischen *Ein Landarzt*
Abstieg in das Kranken- und Totenreich der Schrift um das
Moment der Sexualität. Ein Landarzt, den die Nachtglocke
dringend zu einem Schwerkranken ruft, macht sich auf zwei
überraschend aus einem »schon seit Jahren unbenützten Schweinestall« vom Pferdeknecht hervor-
geholten starken Pferden eilig auf den Weg. Beim
Losreiten muss er mit ansehen, wie der Pferdeknecht seine Magd Rosa vergewaltigt. Dieser
triebhaften Szene folgt eine zweite im Haus des
Kranken, zu dem ihn die Pferde wie im Sturm
jagen. Während die »unirdischen« Pferde ihre
Köpfe ins Zimmer stecken, entdeckt der Landarzt bei dem Jungen anstelle einer Krankheit in
der Hüftgegend »eine handtellergroße Wunde
[…]. Rosa, in vielen Schattierungen, dunkel in
der Tiefe, hellwerdend zu den Rändern, zartkör-
nig, mit ungleichmäßig sich aufsammelndem Blut, offen wie *Ein Landarzt,*
ein Bergwerk obertags« (DL, S. 258), in der sich rosige Wür- **Kurt Wolff Verlag**
mer winden. Dieses aber ist, so der Landarzt, eine tödliche **1919, von Kafka**
Wunde: »Armer Junge, dir ist nicht zu helfen. Ich habe deine **korrigierter**
große Wunde gefunden; an dieser Blume in deiner Seite gehst **Probedruck des**
du zugrunde.« (ebd.) In Erwartung magischer Heilung wird **Titelblatts**
der Landarzt entkleidet zum Kranken ins Bett gelegt, bevor er
sich wieder »mit irdischem Wagen, unirdischen Pferden« auf
den Weg zurück macht, in der Befürchtung, Rosa und seine
»blühende Praxis« in der Zwischenzeit an den Pferdeknecht
verloren zu haben.

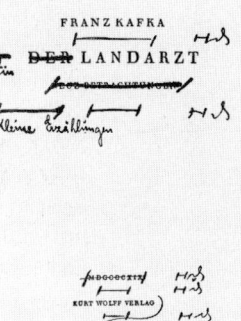

Ein Schlüsselsatz dieser symbolreichen und traumartigen Erzählung gibt dem rätselhaften Geschehen eine psychoanalytische Bedeutung: »Man weiß nicht, was für Dinge man im
eigenen Hause vorrätig hat.« Wie die rosa Wunde in der Hüftgegend Kastration, der im Text gleitende Name »Rosa« Sexualität, die Pferde aus dem unbenützten Schweinestall Trieb-
haftigkeit vermuten lassen, so zitiert die Rede vom Haus of-

fensichtlich Freuds »dritte Kränkung«, wonach »das Ich nicht einmal Herr ist im eigenen Haus« (Freud 1969, S. 284). Der Text spielt so mit psychoanalytischen Bildern verdrängter bzw. wiederkehrender Sexualität.

Das Reiten An der Geste des Reitens wird zudem deutlich, dass die hochgradig verdichtete Sprache dieser Erzählung zugleich andere Bedeutungsschichten hat, etwa eine nicht bloß psychoanalytische »Erotik des Schreibens« (Kremer 1989). In dem Sammelband wird nicht nur in der Erzählung *Der Landarzt* geritten, auch in *Der neue Advokat*, *Ein altes Blatt*, *Auf der Galerie* und in *Das nächste Dorf* (das ursprünglich den Titel *Ein Reiter* haben sollte). Das Reiten setzt die Bewegung der Schrift in Szene; es entfaltet genauer die tödliche narzisstische Erotik eines Schreibens, das sich selbst bespiegelt, sich selbst begehrt, sogar um den Preis des Lebens. Dieses selbstreflexive Schreiben wird zum Todesritt, zur Fahrt in die Unterwelt von Eros und Tanatos.

Nicht nur das Reiten, auch die rosa Wunde zählt zu den wiederkehrenden Chiffren der *Landarzt*-Erzählungen. Sie findet **Ein Bericht für** sich etwa im Pelz des Affen Rotpeter im *Bericht für eine Aka-* **eine Akademie** *demie*. Der in Gefangenschaft geratene Affe sieht den einzigen Ausweg aus seiner Lage darin, Mensch zu werden – und vollzieht damit eine gegenläufige Metamorphose zum Protagonisten in der *Verwandlung*, der vom Menschen Gregor Samsa über Nacht zum »Ungeziefer« wird. Anlass der Erzählung ist die Bitte der Akademie an Rotpeter, über sein »äffisches Vorleben« zu berichten. Dabei kann Rotpeter, seiner Natur inzwischen verlustig, sich nicht mehr an jenen fernen Naturzustand erinnern, sondern bloß noch die Stadien seiner Entwicklung nachzeichnen, vom Moment der Gefangenschaft über den Erwerb der ersten menschlichen Verhaltensweisen (die sich aus der Perspektive des ehemaligen Affen als die eigentlich primitiven erweisen) bis hin zur »Durchschnittsbildung eines Europäers« (DL, S. 312). Der kulturkritische Impetus dieser parabolischen Tiergeschichte öffnet nicht nur erneut psychoanalytische Perspektiven, indem die rosa Wunde – Symbol für Sexualität – als Preis der Kultur erscheint. Sie verhandelt auch zeitgenössische Debatten, etwa die von Charles Darwin und

Ernst Haeckel aufgeworfene Frage des evolutionären Zusammenhangs von Tier und Mensch, oder aber die Debatte über die jüdische Assimilation, in der die Rede von der »äffischen Nachahmung« zirkuliert (Kilcher 2008).

Bei der Anspielung auf zeitgenössische Diskurse geht das Prosastück *Die Sorge des Hausvaters* in der Verrätselung noch weiter. Weltschs Rede von den »vielen unterirdischen Beziehungen des Buches [*Ein Landarzt*] zu einem spezifisch modernen jüdischen Desorientiertheitsgefühl« (*Selbstwehr*, 19. Dezember 1919, S. 6) trifft gerade bei der in diesem kurzen Text beschriebenen Rätselgestalt mit dem Namen Odradek zu. Sie zeichnet sich durch einen etymologisch nicht verortbaren hybriden Namen aus, sodann durch eine ebenso undefinierbare Gestalt, zugleich textil, papieren und hölzern, halb Ding, halb Lebewesen, das sogar eine Art Lachen oder Rascheln von sich gibt. Ebenso mysteriös ist Odradeks Funktion: Er erscheint nutzlos und irrt ziellos durch die Häuser einer kleinbürgerlichen Welt. Weltschs Hinweis auf eine »jüdische Desorientiertheit« trifft hier insofern zu, als in Odradek die Zerrgestalt der jüdischen Diaspora erkennbar wird, also das Bild des Diasporajudentums aus der polemischen Perspektive des Zionismus, wie es Kafka in zahlreichen Zeitschriften der Zeit vorgefunden hat. Die Bildersprache des Textes folgt demnach dem sorgenvollen Blick eines zionistischen Hausvaters auf die rätselhafte Gestalt der jüdischen »Diasporamumie« (Heine): wie diese in kultureller Hinsicht Sprachen und Namen eklektisch verbindet und statt einer originär jüdischen Sprache Mischkulturen und -sprachen (wie Jiddisch) hervorbringt; wie diese dann in ökonomischer Hinsicht als notorisch »unproduktiv« gilt und anstatt Landwirtschaft Geldwirtschaft betreibt; und wie diese in politischer Hinsicht nomadisch – Odradek sagt: »unbestimmter Wohnsitz« (DL, S. 284) – durch das moderne Europa der Nationalstaaten irrt. Freilich ist dies keineswegs die einzige mögliche Lesart dieses Rätseltextes, über den sich die Interpreten wie kaum an einem anderen den Verstand geschärft haben.

Die Sorge des Hausvaters

Die Oktavhefte

Zwischen Ende 1916 und Frühjahr 1917 schrieb Kafka Aufzeichnungen und Entwürfe in Oktavhefte, aus denen Max Brod erstmals 1931 unter dem Titel *Beim Bau der chinesischen Mauer* Teile veröffentlichte (vgl. NSF I, S. 26-28).

Vgl. S. 61 Parallel zu den *Landarzt*-Erzählungen arbeitete Kafka an einer Reihe von Textentwürfen, die Frage- und Problemstellungen des *Landarzt*-Bandes vorzeichnen, variieren, aufgreifen. Die Aufzeichnungen in den Oktavheften beginnen mit den sogenannten *Gruftwächter*-Dramenfragmenten, einem der wenigen dramatischen Versuche Kafkas. Die bruchstückhafte Arbeit, die in mehreren Fassungen vorliegt, spielt an den unsicheren Grenzregionen des Lebens und des Todes und ist damit ein Vorgriff auf die Geistertexte des *Gracchus*-Komplexes. Ein Brief Kafkas an Felice vom 14. Dezember 1916 gibt einen Eindruck dieser halb-unterirdischen Schreibversuche in den Oktavheften: »In meinem Haus [in der Alchimistengasse] schlage ich mich mit Unmöglichkeiten herum, die ich an einem Tage mache, um sie am andern Tag mit noch zehnmal größerer Kraft als mit der sie gemacht wurden, durchzustreichen.« (B III, S. 279)

Besonders hervorzuheben sind zum einen die Fragmente zum *Jäger Gracchus*-Komplex, die in vieler Hinsicht vorwegnehmen oder aber entfalten, was etwa *Die Sorge des Hausvaters* komprimiert: nämlich die Gestaltung einer zwischen Leben und Tod irrenden, unterweltlichen Rätselgestalt. Weiterhin wurden aus diesem Komplex jene Texte bekannt, die um das Erzählfragment *Beim Bau der chinesischen Mauer* angesiedelt sind und das vielschichtige, zugleich kulturpolitische wie poetologische Themenfeld des Mauerbaus, des Bauens überhaupt ausbilden.

Der Jäger Gracchus

Erzählfragment, entstanden von Januar bis April 1917 in fünf Fragmenten, überliefert in den Oktavheften B und D; gedruckt erstmals 1931 in redigierter Form durch Max Brod.

Die Erzählung handelt von dem »toten Jäger Gracchus«, der – wie ein Jenseitiges in einer diesseitigen Idylle einbricht – an einem ruhigen Nachmittag in Riva am Gardasee in einer Barke ankommt, begleitet von zwei dunkel gekleideten Herren. Vgl. S. 61 u. S. 77 Diese Ankunft des toten Jägers wurde dem »Salvatore« genannten Bürgermeister in der vorangegangenen Mitternacht in Form einer »Taube« angekündigt – eine symbolträchtige Konstellation, die auf einen Erlösungsvorgang hindeutet, indem biblische Versatzstücke einer messianischen Geschichte zitiert werden. Doch der Ankommende erweist sich als Unerlöster, der noch nicht im Totenreich angekommen ist. Auf seine Frage, wer er denn sei, erzählt der Jäger seine Lebens- bzw. Totengeschichte in Bruchstücken: Seitdem er bei einer Gemsjagd im Schwarzwald verunglückte, ist er bereits »ungemein viele Jahre« tot und irrt im Diesseits umher, gleichsam wartend auf der »großen Treppe« zum Jenseits. »Auf dieser unendlich weiten Freitreppe treibe ich mich herum, bald oben bald unten, bald rechts bald links, immer in Bewegung.« (NSF I, S. 309)

Die Figur des untoten Jägers verweist erneut hintergründig auf den Namen »Kafka«: das italienische »gracchio« bedeutet »Dohle«, ebenso wie das tschechische »Kafka«. Diese verrätselte Konstellation gibt einen Hinweis darauf, dass Kafka hier sein eigenes Schreiben allegorisiert. Wie etwa Gracchus zuvor als Jäger ein gesellschaftlich respektiertes Leben führte, mit seinem Absturz und dem Beginn seiner unendlichen Fahrt jedoch aus diesem herausgefallen ist, sieht Kafka sein Schreiben als ein »Jenseits des bürgerlichen Lebens«, angesiedelt also in den Regionen des Todes: »So viel Ruhe wie ich brauche gibt es nicht oberhalb des Erdbodens« (B, S. 374), so Kafka über die sozialen Voraussetzungen seines Schreibens. Für Kafka ist der Schriftsteller ein Unerlöster, ein von einer namenlosen Schuld zwischen den Regionen des Lebens und des Todes Getriebener, eine ahasverische Gestalt.

Beim Bau der chinesischen Mauer

Erzählfragment, entstanden Februar / März 1917, überliefert im »Ok-
tavheft C«, erschienen erstmals 1931. Die in der Erzählung enthal-
tene Parabel *Eine kaiserliche Botschaft* erschien im September 1919
in der *Selbstwehr* und im *Landarzt*-Band.

Vgl. S. 61 Die Erzählung ist, wie der Bau selbst, mehrteilig: Der erste
Hauptteil umfasst den Bau der chinesischen Mauer, der zweite das chinesische Kaisertum, ein dritter Teil, eingeschlossen
im zweiten, die Parabel *Eine kaiserliche Botschaft*. Wenn im
System des ersten Teil mit Bezug auf den Mauerbau von einem »System
Teilbaus des Teilbaus« (NSF I, S. 341) gesprochen wird, so kann dies
auch für die Erzählung mit ihren voneinander getrennten,
dennoch aufeinander bezogenen Teilen gelten. Ebenfalls trifft
auf die Erzählung zu, was für die in zwei Hauptteilen von
Südwesten und Südosten her gebaute Mauer »gegen die
Nordvölker« gilt, wenn der Erzähler mutmaßt: »Es wäre in
jedem Sinne vorteilhafter gewesen zusammenhängend zu
bauen oder wenigstens zusammenhängend innerhalb der zwei
Hauptteile.« (NSF I, S. 338)

Das Monumentalbauwerk der chinesischen Mauer wird als
zugleich wissenschaftliches, soziales und nationales Projekt charakterisiert. Es geht um die Realisierung eines wissenschaft-
lichen Großprojekts (»Bauweisheit«), um die Herausbildung
gesellschaftlicher Verhältnisse (»Führerschaft« und »Volk«)
und um nationale Formation durch Abwehr gegen Außen
(»die Nordvölker«). Mit diesen drei Funktionen und in seiner
monumentalen Größe ist das Projekt allerdings durch eine
Aporie gezeichnet. Gerade in der Konstruktion eines großen Ganzen zerfällt es in unvermittelbare Teile. Von Bedeutung ist dabei die Position des Erzählers, der selbst Mitarbei-
ter am Bau war und beginnt, das Problem dieses fragmentarischen Universalismus in seiner architektonischen, sozialen
und politischen Dimension zu reflektieren: »Die Grenzen, die
meine Denkfähigkeit mir setzt, sind ja eng genug, das Ge-
biet aber, das hier zu durchlaufen wäre, ist das Endlose.« (NSF
I, S. 346) Wenn aus dieser narrativen Reflexion ein Ergebnis
hervorgeht, dann, dass das Großprojekt seinen Zweck gerade
verfehlt und sich als ein monumentales Phantasma erweist.

Von hier aus gelangt der Erzähler auf die im zweiten Hauptteil aufgeworfene Frage des Kaisertums, die diese Aporie eines Universalen von politischer und zugleich theologischer Seite angeht. Denn der Kaiser nimmt in diesem Reich die göttliche Stelle des sich selbst setzendes Zweckes ein. Aber auch die Existenz eines solchen gottgleichen Kaisers in einem unermesslichen Reich erweist sich als zweifelhaft. Für den fernen Einzelnen des Großreiches, zu dem diese Autorität kaum gelangen kann, ist er nicht wirklich bindend. Somit wird auch der Kaiser zu einer bloßen Vorstellung, ja zur Legende. Ebendies ist die Situation in der Parabel *Eine kaiserliche Botschaft*, Kernstück des zweiten Teils. Diese »Sage« bestätigt die Aporetik des universalistischen Großreichs, in dem Zentrum und Peripherie noch beim Versuch des Zusammenhalts auseinanderdriften müssen. Die Parabel verlegt die Problematik auf eine nachrichtentheoretische Ebene. Gezeigt wird die Unmöglichkeit, dass die Nachrichten des Kaisers den unermesslichen Raum seines Reiches durchmessen können. Die Botschaft verliert sich notwendig schon im Labyrinth des Palastes. Was mit einem so apodiktischen Satz beginnt wie: »die chinesische Mauer ist an ihrer nördlichsten Stelle beendet worden« (NSF I, S. 337), endet damit in einem radikalen Zweifel über die Existenz nicht nur der Mauer, sondern auch des Großreichs und des Kaisers. Die Nachricht über dieses Imaginierte aber ist erneut die bodenlose Botschaft eines Toten: eine Totenschrift.

Eine kaiserliche Botschaft

> »Niemand dringt hier durch und gar mit der Botschaft eines Toten an einen Nichtigen. Du aber sitzt an Deinem Fenster und erträumst sie Dir.« (Franz Kafka, *Eine kaiserliche Botschaft*; NSF I, S. 352)

Landvermessung und Hungerkunst:
Der späte Kafka 1922-1924

Die letzte, höchst produktive Schaffensphase des inzwischen schwer lungenkranken Kafka beginnt im Januar 1922 nach einer langen Schaffenspause seit der Rückkehr aus Zürau im April 1918. In dieser Situation erhält das Schreiben für Kafka eine neue Funktion: es wird zu einer Art Therapie, Verarbeitung und Ablenkung zugleich. An Robert Klopstock schreibt er im März 1922: »Ich habe, um mich vor dem, was man Nerven nennt, zu retten, seit einiger Zeit ein wenig zu schreiben angefangen.« (B, S. 373) Diese letzte Schaffensphase setzt ein mit der Arbeit am *Schloß*-Roman, etwas später kommen Arbeiten an einer Reihe von Erzählungen hinzu: Im Frühjahr 1922 schreibt Kafka an *Ein Hungerkünstler*, *Erstes Leid* und den *Forschungen eines Hundes,* Ende 1923 in Berlin an *Der Bau* und *Eine kleine Frau,* schließlich im März 1924 an seiner letzten Erzählung *Josefine, die Sängerin oder das Volk der Mäuse.* Während das Romanfragment *Das Schloß* erst posthum von Max Brod ediert wurde, war Kafka bestrebt, die Erzählungen nach Fertigstellung zu veröffentlichen. Doch blieben die *Forschungen eines Hundes* und *Der Bau* ungedruckt; sie erschienen ebenfalls erstmals in Brods Nachlassband *Beim Bau der chinesischen Mauer* (1931). Die übrigen Erzählungen konnte Kafka zum Druck bringen, und zwar zunächst einzeln in Zeitschriften: *Erstes Leid* 1922 in der Zeitschrift *Genius* bei Kurt Wolff, *Ein Hungerkünstler* im Oktoberheft 1922 der *Neuen Rundschau, Josefine, die Sängerin* im April 1924 in der *Prager Presse* sowie *Eine kleine Frau* im *Prager Tagblatt.* Zugleich arbeitete Kafka daran, eben diese vier Erzählungen in einem eigenen Erzählband publizieren zu können. Das Buch mit dem Titel *Ein Hungerkünstler. Vier Geschichten* wurde nicht mehr durch Kurt Wolff, sondern durch den Verlag Die Schmiede verlegt. Auch wenn es erst über zwei Monate nach Kafkas Tod erschienen ist, kann es zu Kafkas Drucken zu Lebzeiten gerechnet werden, da er die Fahnen teilweise selbst korrigiert und damit das Buch weitgehend verantwortet hat.

Das Schloß

Romanfragment, entstanden Januar bis August 1922, posthum herausgegeben durch Max Brod 1926.

Vgl. S. 70 Die Versuchsanordnung dieses dritten Romanentwurfs Kafkas ist derjenigen des *Processes* vergleichbar: Ein gut 30-jähriger ambitionierter Protagonist, vorgeblich ein »Landvermesser«, diesmal »K.« genannt, steht einem undurchschaubaren Verwaltungsapparat gegenüber, diesmal »Schloss« genannt. Wie Josef K. im *Process* ist der »K.« des *Schlosses* geradezu darauf fixiert, diesen Verwaltungsapparat in seinen Machtstrukturen, Instanzen und Vertretern zu verstehen, um sich in diesem System zu behaupten, konkret: in seiner vorgeblichen Funktion als Landvermesser. Wie Josef K. ist K. bei seinem Bestreben, Zugang zur Macht zu erlangen, insbesondere auf Frauen ausgerichtet: Auf der Prämisse einer engen Verknüpfung von Sexualität und Macht verspricht er sich von ihnen Auskünfte und Vorteile; so verbindet sich K. etwa mit Frieda, die bis dahin Geliebte des Schlossbeamten Klamm war. K. ist wie Josef K. ein Zeichendeuter, der Dokumente, Aussagen, Kleider etc. nicht einfach nur beobachtet, sondern diese nach seinen Maßstäben und Vorteilen interpretiert.

Auch das große Gegenüber des Protagonisten – das Schloss – ist wie das Gericht im *Process* ein alles umschließender Verwaltungsapparat. Zwar bestehen kleine Unterschiede: Der Verwaltungsapparat des Schlosses ist in einer ländlichen Gegend mit Bauernhäusern, Wirtsstuben und Dorfschulen angesiedelt, die Bewohner sind entsprechend vielfach Bauern, denen das Schloss und seine »Herren« mit absolutistischer Geste begegnen, während der Schauplatz des *Processes* eine moderne europäische Stadt mit Gericht, Bank, Dom, Vorstadt-Mietskasernen, Bordellen etc. ist. Doch wie das Gericht ist das Schloss weitaus weniger von rationalen Prinzipien und rationellen Verfahren geleitet, sondern vor allem von irrationalen, undurchsichtigen und mysteriösen Prinzipien sowie von überkomplizierten Verfahren und funktionsuntüchtigen Techniken (z. B. funktioniert weder das Archiv noch das Telephon). Wie im Fall des Gerichts im *Process* hat diese Versuchsanordnung dazu geführt, dass die Interpreten die Institution des Schlosses entweder als eine jenseitige und übermächtige (mystische, religiöse, philosophische etc.) Einrichtung verstanden haben oder aber als monumentale Symbolik einer inneren Welt, einer Traumwelt. Aber auch beim *Schloß* lässt sich solchen Deutungen entgegenhalten, dass der eigentliche Akteur des Geschehens der Protagonist ist: K. ist Akteur, indem auch er ein großes Gebäude an Interpretationen und Rechtfertigungen aufbaut. Das Schloss dagegen ist eher passiv, zurückhaltend, ja bei genauerem Hinsehen gar wohlwollend. Denn der tatsächlich »zerlumpt« und mit Rucksack vielmehr als »Landstreicher« (S, S. 12) denn als »Landvermesser« erscheinende K. erhält alsbald die elementaren Güter bürgerlicher Existenz: Beruf, Wohnung, Familie. Eine nomadische Gestalt bleibt der landdurchmessende Wanderer dabei dennoch. Das Ankommen in der bürgerlichen Welt ist nur ein scheinbares und vorübergehendes einer exterritorialen Existenz.

> »Dort vergiengen Stunden, [...] Stunden, in denen K. immerfort das Gefühl hatte, er verirre sich oder er sei soweit in der Fremde, wie vor ihm noch kein Mensch, eine Fremde, in der selbst die Luft keinen Bestandteil der Heimatluft habe, in der man vor Fremdheit ersticken müsse und in deren unsinnigen Verlockungen man doch nichts tun könne als weiter gehn, weiter sich verirren.« (Franz Kafka, *Das Schloß*, S. 68 f.)

Dabei hat die Handlung im *Schloß* keine eigentliche Zielrichtung, der Protagonist macht jedenfalls keinen Lern- oder gar Bildungsprozess durch. Das Irren durch das nächtliche Schneegestöber ist dafür symptomatisch. »Landvermesser werden« heißt demnach von Anfang an das letztlich erfolglose Behaupten der eigenen Position und Sichtweise in einer Gemeinschaft, was dann in verschiedenen Stationen durchgespielt wird: in Wirtshäusern, Schulen, Archiven. Eine Schlüs-

> »Des Landvermessers K. Schuld zu beweisen, ist nicht leicht. Man kann nämlich auf seine Schliche nur kommen, wenn man sich, so peinlich das auch ist, ganz in seinen Gedankengang hineinzwingt. [...] Zur Wahrheit gelangt man erst, wenn man genau in seinen Spuren, die wir von der Ankunft angefangen, hier aufgezeigt haben, [...] geht.« (Franz Kafka, *Das Schloß*, gestrichene Stelle aus dem 9. Kapitel; S. Apparatband, S. 272 f.)

selstelle des Romans macht dieses Verfahren anhand einer Kindheitserinnerung K.s zum Thema: das Besteigen einer Mauer. Als Maxime des Handelns wird hier blinde Selbstbehauptung erkennbar. K.s Selbstbehauptung manifestiert sich in immer wieder scheiternden Versuchen der Integration und

Interpretation – in »Missverständnissen« (S, S. 52) der Verhältnisse. Er erhält dabei das Profil von Nietzsches Künstler-Schauspieler, das schon den Affen Rotpeter des *Berichts für eine Akademie* kennzeichnet: der Bedrängte, der sich mit Verstellung und Komödie in einer Gesellschaft behauptet. Friedas Vorwurf gegenüber K. bringt diese Anpassungsleistung auf den Punkt: »Du bist auch bereit Komödie zu spielen, wird es vorteilhaft sein.« (S, S. 246)

Gegen Ende August 1922 brach Kafka die Arbeit an dem Romanprojekt ab: »habe die Schlossgeschichte offenbar für immer liegen lassen« (BKB, S. 415), schrieb er am 11. September an Max Brod. Über den weiteren Fortgang und das Ende des abgebrochenen Romans äußerte sich Brod im Nachwort zu seiner Ausgabe in Erinnerung an ein Gespräch mit Kafka: »Der angebliche Landvermesser erhält wenigstens teilweise Genugtuung. Er läßt in seinem Kampfe nicht nach, stirbt aber vor Entkräftung. Um sein Sterbebett versammelt sich die Gemeinde und vom Schloß langt eben die Entscheidung herab, daß zwar ein Rechtsanspruch K.s, im Dorfe zu wohnen, nicht bestand, – daß man ihm aber doch mit Rücksicht auf gewisse Nebenumstände gestatte, hier zu leben und zu arbeiten.« (KR, S. 143)

Brods Nachwort war auch in seinem Deutungsangebot richtungsweisend. Demnach stellen *Der Process* und *Das Schloß*, gemäß der Kabbala, zwei Aspekte eines göttlichen Gerichts dar: der erste Roman die Strenge (*din*), der zweite die Gnade (*rachmim*) (KR, S. 145). Diese Auslegung bzw. ihre grundsätzliche theologische Perspektive griffen die meisten Rezensenten von Oskar Baum bis Manfred Sturmann auf. Wenn auch Siegfried Kracauer dem folgte, dann allerdings unter einem negativen Vorzeichen: Religion erscheine hier in einer Unverfügbarkeit von Heil, einer »Abgesperrtheit des Menschen von der Wahrheit«; »Der Jude Kafka trägt das Entsetzen in die Welt, weil sich ihr Antlitz der Wahrheit entzieht.« (KR, S. 141 f.) Weniger beachtet blieb eine zweite, mehr soziale als metaphysische Interpretation Brods im Sommer 1927 in der *Jüdischen Rundschau*: In dem Roman über den Wanderer aus der Fremde, der sich verzweifelt einzuwurzeln versucht, sieht

Tragödie der Assimilation er dort »die Tragödie der Assimilation« (KR, S. 176). Paul Leppin wiederum betrachtet das undurchsichtige Geschehen im *Schloß*-Roman als symptomatisch für die Unmöglichkeit der Deutung von Kafkas Werk überhaupt: »Sich um die Deutung seiner Bücher befriedigend zu bemühen, halte ich für ein willkürliches, an hundert Kreuzungen und Querstraßen ermüdendes Unterfangen.« (KR, S. 166)

Ein Hungerkünstler. Vier Geschichten

Erzählungen, entstanden zwischen Frühling 1922 und März 1924, einzeln erschienen in Zeitschriften zwischen 1922 und 1924 zu Kafkas Lebzeiten; der Erzählband wurde posthum Mitte August 1924 ausgeliefert.

Vgl. S. 68 Kafkas späte Erzählungen, vielfach Tiergeschichten, werfen in radikalisierter Weise die Frage der Kunst – bzw. des Schreibens – innerhalb einer Gemeinschaft auf. Sie stellen die Kunst in ihrer äußersten Selbstbehauptung vor, dabei stets um den großen Preis des Ausgeschlossenseins, Vergessenwerdens, ja Sterbens des Künstlers und damit bis hin zur Selbstauflösung. Die Gesellschaft aber, in der sich diese Künstler bewegen, versteht von dieser Kunst wenig. Hungerkunst ist das Modell dafür.

Das letzte Buch: Umschlag von *Ein Hungerkünstler*, ausgeliefert im August 1924 im Verlag Die Schmiede

Solche Hungerkunst leitet nicht nur den »Hungerkünstler« in der so benannten Erzählung, den Hund in den *Forschungen eines Hundes*, Josefine, die verstummende Mäuse-Sängerin oder das auf Nahrungssuche befindliche Tier im *Bau*. Das Hungern ist auch für Kafka selbst eine Chiffre seines Schreibens im Verhältnis zu einem gesunden, bürgerlichen Leben, schon lange vor dem Übergriff der Tuberkulose auf den Kehlkopf. Der Vegetarier Kafka hat mit seinem äußerst bedachten Essverhalten die Ablehnung seines Vaters – Sohn eines Fleischers – auf sich gezogen. Seinen Ausschluss vom gemeinsamen Esstisch verbucht er als symbolischen Akt für sein Schreiben. Symptomatisch dafür **Symbolische Abmagerung** ist Kafkas Charakterisierung seines Schreibens als nicht nur reale, sondern auch symbolische »Abmagerung«.

»Als es in meinem Organismus klar geworden war, daß das Schreiben die ergiebigste Richtung meines Wesens sei, drängte sich alles hin und ließ alle Fähigkeiten leer stehn, die sich auf die Freuden des Geschlechtes, des Essens, des Trinkens, des philosophischen Nachdenkens, der Musik zu allererst richteten. Ich magerte nach allen diesen Richtungen ab.« (Franz Kafka, Tagebuch vom 2. Januar 1911; T, S. 297)

Solche symbolische Abmagerung einer exterritorialen Kunst außerhalb von Gemeinschaft und Volk leitet Kafkas letzte Erzählungen vom *Hungerkünstler* über die *Forschungen eines Hundes* bis hin zu *Josefine, die Sängerin*. Wenn die Aufmerksamkeit des Ich-Erzählers in der posthum 1931 erschienenen Erzählung *Forschungen eines Hundes* der Nahrung gilt, so unter demselben negativen Vorzeichen. Denn gerade durch die Forschung bringt der Hund sich um die Selbstverständlichkeit des Fressens und damit aus dem Kreis der Hundeschaft, und er hört auf, »ein Hund unter Hunden« zu sein: »Durch das Hungern geht der Weg, das Höchste ist nur der höchsten Leistung erreichbar, wenn es erreichbar ist, und diese höchste Leistung ist bei uns freiwilliges Hungern.« (NSF II, S. 470 f.) Während für den forschenden Hund das Hungern die »höchste Leistung« ist, ist dies für den Hungerkünstler in Kafkas gleichnamiger Erzählung »die leichteste Sache der Welt«, quälend dagegen die Pausen zwischen dem Hungern. Anders ist vor allem der Kontext dieser Hungerkunst: Sie wird hier von einem »Impresario« zur Schau gestellt und als Ware verkauft, während es dem Hungerkünstler selbst darum geht, seine Kunst zur Vollkommenheit zu steigern, also die Pausen zu verkürzen, das Hungern zu verlängern. Die Hungerkunst wird damit in ein theatralisches Szenario von Schauspiel und Zuschauer gebracht, einen Rahmen, innerhalb dessen die wahre Hungerkunst abhandenkommt. Denn einerseits ist der Hungerkünstler hier stets dem Vorwurf des Betrugs und der Schauspielerei ausgesetzt, andererseits sieht er seine wahre Kunst missachtet.

Unter dieser Voraussetzung erlangt die Hungerkunst konse-

Forschungen eines Hundes

Ein Hungerkünstler

quenterweise erst dann ihre Vollkommenheit, als das Publikumsinteresse zurückgeht. Nicht mehr Hauptattraktion eines Impresario, sondern in einem Käfig auf einem vergessenen Nebenschauplatz in einem Zirkus, kann der Hungerkünstler sein Ziel des unbegrenzten Hungerns realisieren und so verdeutlichen, dass diese Kunst nur außerhalb des gesellschaftlichen Betriebs zur Vollkommenheit gelangt. Allerdings erreicht sie dies nur um den Preis des Lebens und ihrer Selbstauflösung. Das tut sie auch in dem überraschenden Geständnis des Hungerkünstlers gegenüber einem verständnislosen Aufseher: dass er nämlich »gar nicht anders konnte« als fasten, »weil ich nicht die Speise finden konnte, die mir schmeckt. Hätte ich sie gefunden, glaube mir, ich hätte kein Aufsehen gemacht und mich vollgegessen wie du und alle.« (DL, S. 349) Die Hungerkunst erklärt sich damit zuletzt als eine tragische Kunst aus der Not, eine Kunst des Todes.

Vergleichbar mit der Sängerin Josefine, die am Ende nicht nur schweigt, sondern von ihrem Volk fröhlich vergessen wird, ist hier der Umschlag in ein Nichts der Kunst mit dem beiläufigsten Verscharren des Künstlers erreicht. Auf den Befehl des Aufsehers »Nun macht aber Ordnung!« wird der verendete kleine Rest des Hungerkünstlers, wie »das Zeug« des toten Gregor Samsa, »samt dem Stroh« aus dem Käfig gewischt. »In den Käfig aber gab man einen jungen Panther. Es war eine selbst dem stumpfsten Sinn fühlbare Erholung, in dem so lange öden Käfig dieses wilde Tier sich herumwerfen zu sehn.« (DL, S. 348)

> »Mein Leben besteht und bestand im Grunde von jeher aus Versuchen zu schreiben und meist aus mißlungenen. Schrieb ich aber nicht, dann lag ich auch schon auf dem Boden, wert hinausgekehrt zu werden.« (Franz Kafka an Felice Bauer, 1. November 1912; B I, S. 202)

Wirkung

Weg zur Weltgeltung

Die weltumspannende Wirkung, die von Kafkas Œuvre seit seinem Tod ausgeht und ungebrochen anhält, muss angesichts seines bescheidenen schriftstellerischen Erfolgs zu Lebzeiten überraschen und verlangt nach Erklärung.

Kafkas nachhaltige Weltgeltung ist erst recht erklärungsbedürftig angesichts der Tatsache, dass diese sich in einem prekären historischen Umfeld herausbildete: im Europa zur Zeit des Nationalsozialismus.

»DIE KAFKA. Die Kafka ist eine sehr selten gesehene, prachtvolle mondblaue Maus, die kein Fleisch frißt, sondern sich von bittern Kräutern nährt. Ihr Anblick fasziniert, denn sie hat Menschenaugen.« (Franz Blei, *Bestiarium Literaricum*, 1920; KRL, S. 173)

Zahlreiche, vor allem jüdische Schriftsteller, die im Expressionismus und während der Weimarer Republik noch mit großem Erfolg gewirkt hatten, büßten nach 1933 wenn nicht gar das Leben, so doch Wirkung und Bedeutung ein und blieben auch nach 1945 vergessen. Kafkas Texte aber gewannen just in dieser Zeit jene Geltung, die ihnen vorher versagt geblieben war.

Die Bedingung dafür war zunächst Brods Entscheidung, Kafkas Nachlass – auch gegen dessen testamentarischen Willen – zu drucken. Die daraufhin 1929 von Ehm Welk ausgelöste Kontroverse brachte Kafka erstmals größere öffentliche Aufmerksamkeit. So meldete sich etwa Walter Benjamin zu Wort, um Brods Entscheidung zu verteidigen (Benjamin 1981, S. 47 ff.). Das Erscheinen der *Gesammelten Schriften* 1935-37 im namhaften und international wirkenden Schocken Verlag schuf dann die eigentliche Basis für Kafkas Nachruhm. Dass diese sich aber kaum mehr innerhalb Deutschlands entfalten konnte und dass Kafka mit seinem Weg an die Öffentlichkeit vielmehr zugleich auf dem Weg ins Exil war, zeigt sich schon 1935 am Verbot der Ausgabe nach dem Erscheinen der ersten Bände und ihrer Verlegung von Berlin nach Prag. Symptomatisch dafür war auch, dass Rezensionen der Ausgabe innerhalb Deutschlands ausschließlich in jüdischen Zeitschriften erschienen, dem einzigen Ort, wo jüdische Autoren nach 1933

Kontroverse um Brods Entscheidung

Auf dem Weg ins Exil

FRANZ KAFKAS NACHLASS.

B.T. 232
19.V. 31

Bei Kiepenheuer erscheint in diesen Tagen ein Band unveröffentlichter Erzählungen von Franz Kafka unter dem Titel „Beim Bau der Chinesischen Mauer". Um für die Veröffentlichung des übrigen Nachlasses von Kafka zu werben, haben sechs Schriftsteller den folgenden Aufruf verfasst:

Der Nachlass Franz Kafkas wird nun durch eine grossangelegte Veröffentlichung zugänglich gemacht und die beiden Bände, die zahlreiche ungedruckte Erzählungen, Skizzen, einen Zyklus von Aphorismen, Proben der Bücher und Tagebücher, sowie biographisches Material enthalten werden, sollen bei etlicher Resonanz den Auftakt zu einer Gesamtausgabe bilden, die sämtliche Werke Kafkas sammelt und mit Ergänzungen aus dem Nachlass, sowie aus den vergriffenen Drucken versieht. Immer deutlicher wird in Deutschland wie in England und Frankreich die besondere Bedeutung Kafkas erkannt. Haben die aus dem Nachlass edierten drei Romane in Kafka, den man vorher als einen Sprachmeister und Meister der kleinen Form bewunderte, den nur mit den Grössten vergleichbaren Romanciers, den unerbittlichen Gestalter und Deuter der Zeit sehen lassen, so steht die weitere Ueberraschung bevor, dass die persönlichen Dokumente des Nachlasses den streng und vorbildlich kämpfenden Menschen in der ganzen Tiefe seines religiösen Bewusstseins aufzeigen. Es sei daher auf die in Vorbereitung befindliche Gesamtausgabe als auf eine geistige Tat von ungewöhnlichen Dimensionen hingewiesen. Ihre Wichtigkeit gerade jetzt, in den Tagen der Verwirrung, die den Blick vom Wesentlichen abzulenken geeignet sind, ist allen klar, an die sich Kafkas Wort richtet.

Martin Buber, André Gide, Hermann Hesse, Heinrich Mann, Thomas Mann, Franz Werfel.

Internationale Aufmerksamkeit vor 1945: Die von Brod initiierte, mit großen Namen versehene Ankündigung des Drucks des Nachlasses, *Berliner Tageblatt*, 19. Mai 1931

noch genannt werden konnten, ansonsten aber in Exilländern wie der Schweiz (Hermann Hesse), Holland (Klaus Mann) und der Tschechoslowakei (Klaus Mann). Gleiches gilt für die Artikel zu Kafkas zehntem Todestag im Juni 1934. Auch diese erschienen entweder in der Exilpresse, etwa von Oskar Baum in Moskau, oder aber in der jüdischen Presse in Deutschland, etwa von Manfred Sturmann, Ludwig Hardt und Walter Benjamin (KR, S. 335-351).

Deutsch-jüdische Intellektuelle entdecken Kafka im Exil (1930-1945)

Benjamins Kafka-Essay, der im Frühjahr und Sommer 1934 zwischen Paris und Dänemark auch im Austausch mit Bertolt Brecht entstand und Ende des Jahres in der *Jüdischen Rundschau* in Teilen erschien, ist eine der ersten anspruchsvollen Arbeiten zu Kafka überhaupt. Scharf kritisierte Benjamin drei Jahre später, 1937, Brods Kafka-Biographie, die weitab von jedem Verständnis für Kafkas Texte bloß die Person sakralisiere (Benjamin 1981, S. 49). Gegen Brods leere Zelebrierung und »theologische Abfertigung« fordert Benjamin schon seit 1931 ein neues Verständnis von Kafkas Texten, das auch ihrer literarischen Sprache gerecht wird: eine »Deutung des Dichters aus der Mitte seiner Bilderwelt« (ebd., S. 40)

Benjamins Kafka-Essay

Sein Blick auf literarische Verfahren wie Parabolik und Gestik zielt zwar letztlich gegen jegliche interpretatorische »Abfertigung« des Textes, denn nach Benjamin hat Kafka »alle erdenklichen Vorkehrungen gegen die Auslegung seiner Texte getroffen« (ebd., S. 22). Die Abwehr von Interpretation richtet sich dennoch insbesondere gegen Brods betont jüdische Lesart, der für eine »realistisch-jüdische Deutung Kafkas« plädierte, »in der der Zionismus als eine Lebensform von religiöser Relevanz aufgefaßt wird« (FK, S. 214). Solcher Affirmation hielt Benjamin ein negatives Judentum entgegen. Kein Gegebenes, vielmehr ein Abwesendes sei Kafkas Judentum: »Seine Gehilfen sind Gemeindediener, denen das Bethaus, seine Studenten Schüler, welchen die Schrift abhanden kam.« (Benjamin 1981, S. 37)

In dieser Frage nach dem »jüdischen Zentralnerv dieses Werkes« (ebd., S. 81) wandte sich Benjamin auch an seinen Freund in Jerusalem, den Kabbalaforscher Gershom Scholem, der Benjamins These variierte: Nicht Schüler, denen die Schrift abhandengekommen ist, sah dieser bei Kafka, sondern »Schüler, die sie nicht enträtseln können«. Scholem übertrug dabei den Traditionsbegriff der Kabbala (wörtlich: »Empfang«) auf Kafkas »Nihilismus« der Tradition, um ihn gar zum »Heiligentypus der verfallenden jüdischen Mystik« (ebd., S. 90) zu erklären. »Wie tief die Kafkasche Welt in die Genealogie

Gershom Scholem

der jüdischen Mystik hineingehört« (Scholem 1960, S. 23), betonte Scholem noch in seinen *Zehn unhistorischen Sätzen über Kabbala* (1958): »Unübertroffen hat er [= Kafka, A.K.] die Grenze zwischen Religion und Nihilismus zum Ausdruck gebracht. Darum haben seine Schriften, die säkularisierte Darstellung des (ihm selber unbekannten) kabbalistischen Weltgefühls für manchen heutigen Leser etwas vom strengen Glanze des Kanonischen – des Vollkommenen, das zerbricht.« (Scholem 1970, S. 271)

Theodor W. Adorno Auch mit Theodor W. Adorno trat Benjamin Ende 1934 in einen Dialog über Kafka. Adorno stimmte in die Kritik der »offiziell theologischen Kafkadeutungen« (Benjamin 1981, S. 102) ein und nahm ebenfalls Kafkas literarische Verfahren in den Blick, in denen er allerdings weniger Theatralität und Gestik, sondern sprachlose Musikalität und den »stummen Film« erkannte. Und wie Scholem führte Adorno seine Überlegungen zu Kafka in den Jahren 1942-1953 fort. Sie erschienen 1953 unter dem Titel *Aufzeichnungen zu Kafka* in der *Neuen Rundschau* und mündeten in der erneuten Feststellung der Deutungsschwierigkeit von Kafkas Parabolik: »Jeder Satz spricht: deute mich, und keiner will es dulden.« (Adorno 1955, S. 304) Mit Benjamin und Scholem stimmte Adorno darin überein, Brods religiös-zionistischer Kafka-Deutung eine **Negative Theologie des Judentums** Art negative Theologie des Judentums entgegenzuhalten, in der die wegweisende Modernität Kafkas überhaupt bestehe. Eindringlich formulierte diese These nicht zuletzt auch die deutsch-jüdische Lyrikerin Margarete Susman in ihrem Aufsatz *Das Hiob-Problem bei Franz Kafka* (1929), indem sie Kafkas modernes negatives Judentum an der Gestalt Hiobs biblisch begründete. Wie Hiob seien Kafkas Protagonisten Schuldlos-Schuldige, die mit einem übermächtigen, bei Kafka aber unendlich fernen Gott ringen: »ein völliges Verstummen Gottes, reine Negativität einer menschengeschaffenen, gottverlassenen Welt« (Susman 1929, S. 37).

»Man könnte sagen, daß Kafkas unerhörte künstlerische Leistung darin besteht, daß er die Form des Nichts selbst gefunden hat.« (Margarete Susman, *Das Hiob-Problem bei Kafka*, 1929, S. 39)

Dieser Negativitätsthese folgten nach dem Krieg die amerikanisch-jüdischen Exilanten Günther Anders (1947) und

Hannah Arendt (1948). Doch wollten sie damit weniger die Moderne erklären als das Phänomen des Totalitarismus, um die Frage kreisend, ob Kafkas Schrift als unheimliche Prophetie des Holocaust lesbar werde. Anders etwa erkannte in Kafkas Verwaltungs- und Gerichtstexten »Anspielungen auf die Welt des Terrors und der Gleichschaltung«. Dennoch wies er die Prophetie-These zurück, denn Kafkas »Werk ist nicht von heute, sondern von vorgestern. Die geschichtliche Situation, in der er verwendet wird, war von ihm nicht vorauszusehen. Die Anspielungen auf die Welt des Terrors und der Gleichschaltung, deren Zeitgenossen wir sind, waren für ihn keine Anspielungen.« (Anders 1947, S. 101) Ähnlich vorsichtig war Arendt, wenn sie den imaginären »Schrecken der ›Strafkolonie‹ durch die Realität der Gaskammern« (Arendt 1948, S. 138) zwar aufgerufen, dennoch weit überboten sah. Adorno aber vertrat fünf Jahre später die Prophetie-These.

Prophetie des Holocaust

> »Nicht bloß Kafkas Prophezeiung von Terror und Folter ward erfüllt. ›Staat und Partei‹: so tagen sie auf Dachböden, hausen in Wirtshäusern wie Hitler und Goebbels im Kaiserhof. eine [sic!] als Polizei installierte Verschwörerbande. Ihre Usurpation offenbart das Usurpatorische am Mythos der Macht. Im Schloß tragen die Beamten eine Spezialuniform wie die SS, die man als Paria zur Not auch sich selber zusammenflicken kann; auch die Eliten des Faschismus haben sich selber ernannt. Verhaftung ist Überfall, Gericht Gewalttat. Mit der Partei gab es für deren potentielle Opfer immerzu einen fragwürdigen, korrupten Verkehr wie mit Kafkas verrammelten Behörden; das Wort Schutzhaft hätte er erfinden können, wäre es nicht bereits während des ersten Krieges im Schwang gewesen.« (Theodor W. Adorno, *Aufzeichnungen zu Kafka*, 1953; Adorno 1955, S. 324)

Surrealismus, Existentialismus: Kafka in der französischen und angloamerikanischen Welt (1930-1950)

Wenn Arendt bemerkte, dass die »Auslegungen von Kafka [...] vielfach mehr über ihn« – den Interpreten – »als über Kafka« aussagen (Arendt 1948, S. 134), so gilt diese Logik der Aneignung gerade für seine französischen, englischen und amerikanischen Leser, die seit 1930 wesentlich zur weltweiten Kanonisierung Kafkas beitrugen. Dazu muss man sich vor Augen führen, dass Kafka zu Lebzeiten außerhalb des deutschsprachigen Raums noch weniger bekannt war als innerhalb. Mit Ausnahme einer ungarischen Fassung der *Verwandlung* (1922) gab es in anderen Sprachen nur Milenas tschechische Übersetzungen. Aber selbst in der tschechischen Literatur war Kafka bei seinem Tod nahezu unbekannt. Das gilt erst recht für die großen europäischen Literaturen. Seit 1930 änderte sich dies jedoch grundlegend. Die von Brod edierten Romane wurden rasch ins Französische und Englische übersetzt und begründeten so in den dreißiger und vierziger Jahren einen neuen Kafka: den Kafka des Surrealismus und Existentialismus.

Die ersten Übersetzungen aus Frankreich (etwa 1928 *La Métamorphose*, 1933 *Le Procès*) waren wesentlich durch den Surrealismus geprägt. Dichtung galt hier, auch im Anschluss an Freud, als Traumarbeit, ihre ›Wirklichkeit‹ als traumhaft. Um den Begriff des Surrealismus kreisend, benannte Margarete Susman bereits 1929 das Potential einer solchen Traum-Lektüre Kafkas: »Kafkas eigentümlich nüchterne, überklare Sachwelt [ist] zugleich Darstellung eines seltsam verwirrten, gleichsam unfertigen Traumlebens, dessen halluzinatorische Allzuwirklichkeit nur der Ausdruck einer hoffnungslosen Unwirklichkeit ist.« (Susman 1929, S. 38) Die surrealistischen Übersetzer und Leser ließen Kafkas Literatur als Traumwelt erscheinen. Sie enthistorisierten Kafkas Person und Texte und schufen so einen »Mythos Kafka«, der universale Geltung und Aneignung ermöglichte: Seine Traumtexte verhandeln, so beispielhaft André Breton in seiner *Anthologie de l'humeur noir* (1939), die »großen Fragen aller Zeiten« (Breton 1966, S. 311).

Surrealismus

Vergleichbar verfuhr eine zweite französische Bewegung in den vierziger Jahren mit Kafka: der Existentialismus. Zwar wurde eine Nähe von Kafka zu dem Philosophen Søren Kierkegaard nicht erst durch seine großen Protagonisten Jean-Paul Sartre und Albert Camus behauptet. Bereits Rezensenten wie Hermann Hesse betonten, dass Kafka kein Problem so sehr »leiden gemacht und schöpferisch gemacht« hat wie die »Kierkegaardsche Existenzfrage« (KR, S. 370). Doch war es Sartre,

Existentialismus

»Wir werden hier an die Grenzen des menschlichen Denkens versetzt. Ja, an diesem Werk [Kafkas] ist im wahren Sinne des Wortes alles wesentlich. Jedenfalls stellt es das Problem des Absurden in seiner Gesamtheit dar.« (Albert Camus, *Die Hoffnung und das Absurde im Werk von Franz Kafka*, 1943; Camus 2000, S.179)

der dieser Kafka-Lektüre nach 1940 zum Durchbruch verhalf, wenn er seit seinem philosophischen Hauptwerk *L'Être et le Néant* (1943) auf Kafka verwies, um mit ihm die elementare existentialistische Frage nach dem Sein in einer nicht mehr sinnstiftenden Welt zu stellen. Mit Kafka argumentierte mehr noch Camus, indem er nicht nur die Figur des *L'étranger* (1942) an ihm orientierte, sondern auch in seinem zuerst 1943 gedruckten, später in *Der Mythos von Sisyphos* aufgenommenen Aufsatz *Die Hoffnung und das Absurde im Werk von Franz Kafka* wesentliche existentialistische Kategorien an Kafka entwickelte, insbesondere die des »Absurden«.

Das literarische, insbesondere theatralische Frankreich im Bann des Existentialismus folgte dieser Aneignung. Kafka kann gewissermaßen als der Begründer des absurden Theaters **Absurdes Theater** gesehen werden. Richtungsweisend dafür war die Dramatisierung des *Processes*, an der André Gide und Jean-Louis Barrault seit 1942 arbeiteten und die sie 1947 – mit Barrault als Josef K. – mit großem Erfolg zur Aufführung brachten.

Davon ausgehend beschäftigten sich die Exponenten des ab-

»Ich lese erneut den Prozeß von Kafka [...]. Sein Buch entzieht sich jeder vernünftigen Erklärung: der Realismus seiner Schilderung schweift unaufhörlich in die Gebiete der Phantasie hinüber, und ich wüßte nicht zu sagen, was ich mehr bewundere: die ›naturalistische‹ Beschreibung eines phantastischen Universums [...] oder die sichere Kühnheit seiner Kreuzfahrten ins Unheimliche. [...] Die quälende Angst, die uns aus diesem Buch anweht, ist in manchen Augenblicken fast unerträglich; denn wie sollte man sich der Empfindung erwehren: dieses gehetzte Wesen bin ich?« (André Gide, Tagebuch vom 28. August 1940; Gide 1990, S. 85 f.)

surden Theaters mit Kafka: Arthur Adamov, der 1945 in seiner Zeitschrift *L'Heure Nouvelle* Kafka-Texte abdruckte, Eugène Ionesco, der 1957 eine Interpretation von Kafkas *Stadtwappen* vorlegte und mit den *Nashörnern* (1960) ein Verwandlungsstück verfasste, Samuel Beckett, dessen *En attendant Godot* (1953) an Kafka anschließt. So wurde Kafka in Frankreich zum Anwalt einer surrealen Traumdichtung ebenso wie zum Propheten einer sinnentleerten Existenz.

In den dreißiger Jahren etablierte sich Kafka im englischen Sprachraum, was sich etwa daran zeigte, dass *The Trial* noch im Erscheinungsjahr 1937 Buch des Jahres war. Kafkas Wahrnehmung in England war zunächst durch den Marxismus geprägt, der mit seiner Forderung nach Politisierung von Literatur nicht nur Brods religiöser Deutung, sondern auch Kafkas literarischen Innenwelten selbst durchaus ambivalent gegenübertrat. Schriftsteller wie Wystan Hugh Auden und Cecil Day Lewis suchten in Kafkas Texten deshalb politische Allegorien. Dabei erfanden sie auch das Adjektiv »kafkaesque«; Lewis verwendete es erstmals 1938, die Zeitschrift *Polemic* definierte es 1946 so: »Situationen, die wir in den trivialsten Plagen des Alltagslebens wiedererkennen; [...] immer wenn wir, erschöpft und überfordert, von der zynischen Tyrannei von Busfahrern, Taxichauffeuren und Schaffnern zusammengedrängt werden; wenn uns, als Ergebnis unserer Versuche [...] unsere Pflicht zu erfüllen, nur ein Gefühl unserer nichtigen Aufdringlichkeit zuteil wird« (Binder 1979 II, S. 674). Diese politische Deutung des Ausdrucks »kafkaesk« wurde später existentialistisch umgewendet. »Kafkaesk« bedeutete nun absurd, sinnlos, ortlos. Beispiel dafür ist Audens Kafka-Essay *The Wandering Jew* (1941), wo er Kafka nicht nur neben Dante, Shakespeare und Goethe stellte, sondern an ihm auch das Moment unaufhebbarer Heimatlosigkeit – »having no home« (Auden 1941, S. 185) – zum Wesen des modernen Menschen überhaupt erhob. Diese existentialistische Wende hat sich offensichtlich im europäischen Sprachgebrauch behauptet, wie noch der Duden von 2001 zeigt: »kafkaesk« meint hier »auf unergründliche Weise bedrohlich«.

Ende der dreißiger Jahre kam Kafka in Amerika an, und es

»kafkaesque«

folgten zahllose, auch kontroverse Debatten über Kafka unter Exilanten und amerikanischen Schriftstellern. Der regelrechte Kafka-Boom in Amerika war jedoch nicht unumstritten. Eine kritische Stimme war etwa diejenige Edmund Wilsons, der 1947 in *A Dissenting Opinion on Kafka* fragte: »Ich begreife nicht, wie man ihn [Kafka] für einen großen Künstler oder gar für ein moralisches Vorbild halten kann!« (Wilson 1947)

Kafka zwischen West und Ost (1950-1990)

Wilsons polemische Sicht war für Amerika tatsächlich eher »Abweichung«, für den sozialistischen Blick auf Kafka jedoch bezeichnend. In den vom Marxismus beherrschten Ländern allerdings wurde solche Kritik, ja Polemik gegen Kafka Norm. Das zeigt symptomatisch der Kontrast zwischen dem Kafka des (nun auch deutschsprachigen) ›Westens‹ und demjenigen der sozialistischen Länder wie der UdSSR, der ČSSR und der DDR. Im deutschsprachigen Westen der Nachkriegsjahre wurde Kafka nach dem zweiten Druck der *Gesammelten Werke* im S. Fischer Verlag (1950-58) zu *dem* kanonischen Autor der Moderne. Dagegen blieb er in der DDR lange Zeit ungedruckt. Erst 1967 erschien als erster Band Kafkas der Amerika-Roman, als zweiter Band lediglich 1978 die Erzählungen.

Grundlage der westdeutschen Wirkung nach 1945: Anzeige der *Gesammelten Werke* (1950-58) im S. Fischer Verlag, 1950

Analog war die Wirkung. Mit den Schriftstellertreffen der Gruppe 47 wurde Kafka im deutschsprachigen ›Westen‹ sehr bald zur Leitgestalt der Nachkriegsliteratur. Auf ihn bezogen sich in der Bundesrepublik etwa Martin Walser, der 1951 über Kafka promovierte, Wolfgang Hildesheimer in seinem ironisierenden Text *Ich schreibe kein Buch über Kafka* (1962), Günter Grass etwa in *K, der Käfer* (1971), Paul Celan und Peter Weiss mit seinen beiden *Process*-Dramatisierungen *Der Prozeß* (1974) und *Der neue Prozeß* (1982). In Österreich wiederum gewann Kafka nach 1945 eine ähnlich große Bedeutung etwa für Ingeborg Bachmann, Thomas Bernhard und insbesondere für Peter Handke, zuerst in seiner *Process*-Verdichtung *Begrüßung*

> »Wie habe ich mich in der Scham Kafkas wiedergefunden – nein,
> nicht wiedergefunden, sondern überhaupt erst einmal entdeckt
> ... und dann immer wiederentdeckt.« (Peter Handke: *Zu Franz
> Kafka*; Handke 1980, S. 153 f.)

des Aufsichtsrats (1967), wie er sich später wiederholt auf Kaf-
ka berief, so 1979 anlässlich der Verleihung des Kafka-Preises.
In der Schweiz wiederum orientierten ihr Schreiben an Kafka
– neben dem in Zürich lebenden Elias Canetti (vgl. auch *Die
Blendung*, 1969) – namentlich Friedrich Dürrenmatt und Jürg
Amann, der 1973 über Kafka promovierte und neben Kafka-
Hörspielen und -Dramatisierungen 1977 die Arbeit über den
sterbenden Kafka *Die Korrektur* vorlegte.

Während Kafka in diesem westeuropäischen Teil der deutschsprachigen Literatur nach dem Krieg zum Ausgangs- und
Orientierungspunkt für mehr als nur eine Generation von
Schriftstellern wurde, galt er der sozialistischen Kulturpolitik
im Gegenteil als Antipode. Hier entstand das Zerrbild Kafkas
als Inbegriff des »westlichen« »bürgerlichen«, »dekadenten«
Literaten. Suspekt war schon Kafkas Hochachtung im ›Westen‹. Die Kafka-Kritik zwischen Ostberlin und Moskau, die
auch antisemitische Züge trug, zielte insbesondere auf den
fehlenden Realismus. Wer wie Kafka mit dem Stigma des
»Antirealismus« versehen wurde, zählte nicht zur humanis-
tisch-sozialistischen, sondern zur dekadent-westlichen Welt.
So ließ etwa der marxistische Literaturtheoretiker Georg
Lukács in *Wider den mißverstandenen Realismus* (1958) Kafka
aus dem normativen Literaturbegriff des sozialistischen Realismus herausfallen. Besorgt beobachtete er an ihm ein »Umschlagen des Realismus der Details in ein Leugnen der Realität dieser Welt« (Lukács 1958, S. 51).

Allerdings gab es auch Gegenstimmen: Klaus Hermsdorf etwa, der sich seit 1962 um eine Kafka-Ausgabe in der DDR
bemühte, oder der jüdische Literaturwissenschaftler Hans
Mayer, der jedoch schon 1963 der DDR den Rücken kehrte,
was von SED-Funktionären unter anderem mit seinem Ein-
stehen für Kafka in Verbindung gebracht wurde. Ein Wende-
punkt war im gleichen Jahr die Prager Kafka-Konferenz unter

**Stigma des
»Antirealismus«**

dem Vorsitz Eduard Goldstückers, die das Ziel verfolgte, Kafka vom Dekadenzvorwurf zu befreien und mit einem offeneren Sozialismus zu vereinen. Dafür traten dort neben Wissenschaftlern auch Schriftsteller wie Anna Seghers ein, später Franz Fühmann und Stephan Hermlin. Im Nachhinein stilisierte Goldstücker die Prager Kafka-Konferenz gar zum Fanal des Prager Frühlings (1968). Dennoch blieb in der sozialistischen Welt bis um 1980 eine positive Auseinandersetzung mit Kafka verdächtig, erst danach fand er auch Eingang in die Lesebücher der DDR.

Nach dem Ende der sozialistischen Regimes um 1990 fielen die alten Vorbehalte, und Kafka wurde auch dort zum modernen Klassiker jenseits politischer Ideologie.

1983 zum 100. Geburtstag erschienen: Kafkas Namenszug vor der Silhouette der Prager Teynkirche

Kafka-Transpositionen I: Theater, Film, Musik

Kafkas weltweite Wirkung ist nicht auf die ihm eigene Gattung der Prosa beschränkt, für die im Übrigen noch zahlreiche weitere Beispiele zu nennen wären wie etwa Jorge Luis Borges in der spanischen Literatur, der Kafka seit 1925 übersetzte. Sie entfaltet sich darüber hinaus in anderen literarischen Gattungen und künstlerischen Darstellungsmedien, insbesondere in Theater und Film, aber auch in der Musik. Dabei geht es nicht bloß um die dramaturgische Umsetzung von Kafkas Prosa bzw. um die intermediale Übertragung von Schrift in Spiel, Szene, Geste, Ton. Vielmehr wurden Kafkas Texte in diesen Umsetzungen ihrerseits interpretiert, weitergeschrieben und aktualisiert. Dabei ist die Möglichkeit der intermedialen Übertragbarkeit von Kafkas Texten durchaus kontrovers debattiert worden. Adorno beispielsweise beobachtete an ihnen eine Entsprachlichung zugunsten des Musikalischen, dafür aber auf Kosten des Theatralischen, das er ihnen ganz absprach. Das ist auch gegen Benjamins These gerichtet, der gerade umgekehrt »Kafkas Welt« als eine des Theaters fasste: »Ihm steht der Mensch von Haus aus auf der Bühne.« (Benjamin 1981, S. 22)

Adornos These konnte folgen, wer Kafka vertonte wie der österreichische Komponist Gottfried von Einem 1953 mit seiner Oper *Der Prozeß* oder Hans Werner Henze 1951/1964 mit der Vertonung des *Landarztes*. Benjamins These wiederum bekräftigte, wer Kafka auf die Bühne brachte. Barrault tat dies anlässlich seiner *Process*-Dramatisierung 1947 ebenso wie Brod anlässlich seiner *Schloß*-Dramatisierung 1953, indem er behauptete, dass das Theater das ideale Medium von Kafkas Texten sei, auch weil eine Dramatisierung »explizit machen« kann, »was im Gewirr des Unvollendeten verlorenzugehen drohte« (Brod 1964, S. 79). Dieses Verständnis von Dramatisierung teilt mit den meisten künstlerischen Umsetzungen den Anspruch, etwas sichtbar zu machen, was bei Kafka undeutlich und verschlüsselt bleibt. Ungeachtet dessen ist zutreffend, dass Kafka selbst ein ausgesprochenes Interesse am Theater hatte, mehr noch: dass auch seine Prosatexte theatralische Elemente und Aspekte aufweisen und vielfach genuine Schauspielsituationen thematisieren. So kann es nicht überraschen, dass Kafkas weltweite Wirkung nach 1945 wesentlich über Theater und Film vermittelt war.

Theatralische Elemente

Das Hauptinteresse galt dabei dem *Process*. Die Bearbeitung von Gide und Barrault, die den Roman schon mit der Angabe »Ort der Handlung: Überall, Zeit: Immer« universalisierten, machte den aufsehenerregenden Anfang. Nicht nur in Frankreich wurde diese Fassung seit 1947 aufgeführt, auch in Schweden, Japan, England und Deutschland, dort zuerst 1950 im Schlosspark-Theater in Berlin, danach u. a. in Düsseldorf durch Gustaf Gründgens und Ulrich Erfurt. Dieser Inszenierung folgten zahlreiche weitere Bühnenfassungen des *Process*-Romans, darunter die 1966 zuerst in Prag und danach in westdeutschen Städten aufgeführte Fassung von Jan Grossmann oder Peter Weiss' 1975 in Bremen uraufgeführte politisierende *Process*-Bearbeitung. So unterschiedlich all diese Dramatisierungen auch waren, teilten sie doch den Anspruch, mit Kafkas Roman die eigene Zeit lesbar zu machen.

Orson Welles

Dieser Anspruch leitet auch die Verfilmung des *Processes* durch Orson Welles (*The Trial*, mit Anthony Perkins als Josef K.), die erstmals Ende 1962 in Paris gezeigt wurde. Anders als

Im Film: Orson Welles' *The Trial* (1962), mit Anthony Perkins als Josef K.

Gides / Barraults existentialistische Enthistorisierung zitiert Welles markante Elemente der Nachkriegszeit. Er folgt dabei weniger der These, wonach die alles bestimmende Sphäre des Gerichts auf Totalitarismus verweist. Vielmehr beschreibt er mit ihr die Menschenfeindlichkeit der technisierten Moderne überhaupt, ob in Form von Häftlingen mit Nummern, Mietskasernen, Großraumbüros oder allwissenden Computern. Auch der englische Dramatiker und Filmemacher Harold Pinter legte 1989 das Drehbuch zu einer Verfilmung vor, und der US-amerikanische Filmregisseur Steven Soderbergh verarbeitete in seinem biographisch-literarischen Kafka-Konglomerat von 1991 wesentliche Elemente des *Processes*.

Nicht weniger wurde Kafkas *Schloß* zum Ausgangspunkt dramatischen und filmischen Schaffens. Den Anfang machte Max Brod mit einer Bühnenfassung des Romans, die erstmals 1953 durch Rudolf Noelte in Berlin und danach auf zahlreichen Bühnen Europas inszeniert wurde, etwa 1957 durch Barrault in Paris sowie 1992 in Berlin in einer Opernfassung durch den Komponisten Aribert Reimann. Noelte wiederum legte 1971 eine Spielfilmfassung des *Schlosses* vor, der österreichische Filmemacher Michael Haneke 1997 eine weitere.

Den Anfang zur Dramatisierung des *Amerika*-Romans machte erneut Brod mit einer Theaterfassung, die 1957 am Zürcher Schauspielhaus uraufgeführt und 1965 wiederum von Barrault in Paris übernommen wurde. Unter den zahlreichen Dramatisierungen und Verfilmungen (vielfach Kurzfilme wie die *Landarzt*-Filme der finnischen Regisseurin Katariina Lillqvist, 1992-1996) von Kafkas Erzählungen treten diejenigen **George Tabori** des ungarisch-jüdischen Regisseurs George Tabori hervor, der sich wiederholt mit Kafka beschäftigte und zahlreiche seiner Werke experimentell inszenierte, etwa 1977 an den Münchner Kammerspielen unter dem Titel *Verwandlungen* »Improvisationen frei nach Kafka«, indem er keine Dramatisierung vorlegte, vielmehr Schauspieler über die Dramatisierbarkeit von Kafkas Texten diskutieren ließ. Ähnlich experimentell waren

Auf der Bühne: Peter Radtke als Gregor Samsa in George Taboris Kafka-Collage *Unruhige Träume*, Burgtheater Wien, April 1992

Taboris Inszenierungen des *Hungerkünstlers* 1977 an seinem »Theaterlabor« in Bremen oder des *Berichts für eine Akademie* mit dem körperbehinderten Schauspieler Peter Radtke als Affe Rotpeter, zuletzt 2001 am Berliner Ensemble. Die immer neu ansetzenden Kafka-Inszenierungen Taboris zeigen, dass sich an Kafka nicht nur die großen Fragen der Nachkriegszeit verhandeln, sondern auch neue Formen des Theaters entwickeln ließen.

Kafka-Transpositionen II: Bildende Kunst
Kafkas Wirkung in den Künsten ist nicht auf Theater und Film beschränkt. Auch die bildende Kunst erweist sich als Leserin und Deuterin von Kafkas Texten. Doch während deren Übertragung ins Spiel Anlass zu neuen Formen des Theaters und des Films wurde, blieb der Transfer ins Bild meist passivillustrativ, mochte seit Kafkas Tod eine noch so große Zahl von Kafka-Illustrationen und -Porträts entstanden sein.

Wenn auch Kafka, der selbst zeichnete, gegenüber der bildenden Kunst grundsätzlich aufgeschlossen war, zeigte er sich jedoch skeptisch gegenüber einer illustrativen Umsetzung seiner literarischen »Bilderschrift« (KG, S. 180), wenn er etwa anlässlich der Illustration der *Verwandlung* durch Ottomar Starke vor suggestiver Gegenständlichkeit warnte: »Es ist mir nämlich, da Starke doch tatsächlich illustriert, eingefallen, er könnte etwa das Insekt selbst zeichnen wollen. Das nicht, bitte das nicht!« (B III, S. 145) Die Illustratoren von Kafkas Texten haben diese Warnung vor gegenständlicher Umsetzung des literarisch Imaginierten ignoriert; gerade die *Verwandlung* schien dazu verlockt zu haben.

Nicht nur die ersten, sondern auch die zahlreichsten Illustrationen zu Kafkas Werk stammen von dem österreichischen Künstler Hans Fronius, der sich selbst »*der* Kafka-Illustrator« **Hans Fronius** nannte (Klug-Kirschstein 1974, S. 18) und von 1927 bis zu seinem Tod 1988 unermüdlich an Zeichnungen zu Kafka-Texten arbeitete (Fronius 1997). Sie fanden auch die Zustimmung Alfred Kubins, der nach 1932 seinerseits einen Zyklus zum *Landarzt* zeichnete. Während die Expressionisten Kafka ignorierten, befasste sich unter den Surrealisten Max Ernst mit

ihm; 1937-38 erschienen je eine Illustration zu den Rätselge-
stalten Odradek und dem Tier der *Kreuzung*.

Die große Zahl der Kafka-Illustrationen entstand nach dem
Krieg, darunter 1946 die abstrakten Bilder zur *Beschreibung
eines Kampfes* des jüdischen Résistance-Kämpfers und Bohe-
miens Jean Atlan, 1951 Willibald Kramms gespenstische farbi-
ge Bilder zum *Process*, 1952 Hermann Neumanns Radierungen
zum *Process*, die nicht als Illustrationen verstandenen Kafka-
Collagen des tschechischen Künstlers Adolf Hoffmeister
(1964-1971) oder die Radierungen zur *Verwandlung* (1973) des
Hagener Graphikers Rolf Escher.

Die bildnerische Kafka-Interpretation setzt sich bis in die zeitgenössische Kunst fort (vgl. *Kafka in der Kunst* 2007). Her-
ausragend sind die Arbeiten des tschechisch-schweizerischen

Pavel Schmidt Künstlers Pavel Schmidt, der 2006 eine »kafka-reihe« von 49
Bildern vorlegte, die – nach epigrammatischem Muster – Ti-
tel, Zeichnung und Schriftbruchstück enthalten. Dabei geht
Schmidt von der Stroemfeld-Ausgabe aus, indem er ausge-

rechnet die dort sichtbar gemachten gestrichenen
Stellen Kafkas aufgreift, allerdings ohne diese in
eine erklärende Beziehung zum Bild zu setzen.
Vielmehr wollte er zeigen, »auf welche weise franz
kafkas ringen – schöpfen – verwerfen – kneten – zu-
rücknehmen – erschaffen der sprache künstlerisch-
zeichnerisch entsprochen werden könnte« (Schmidt
2006, S. 7).

In Schmidts Kafka-Reihe sind auch jene beiden
Photographien aufgenommen, die in den künstlerischen Kafka-Porträts am häufigsten als Vorlage
dienten: das Verlobungsphoto von 1917 mit Felice

In der Gegen- Bauer (Schmidt 2006, S. 56) sowie das letzte Bild des kranken
wartskunst: Kafka von 1923 (Schmidt 2006, S. 114). Während Kafka zu
Pavel Schmidts Lebzeiten wohl nur von Wilhelm Wessel, Karel Votlučka und
f. k., 2006 Friedrich Feigl (Kafka 1917 beim Vorlesen des *Kübelreiters*)
porträtiert wurde, entstanden nach dem Krieg – ausgehend
meist von den beiden Photographien – eine Reihe von Por-
träts, neben denjenigen von Fronius etwa das des slowakischen
Malers Vavro Oraveč Mitte der sechziger Jahre, die Radierung

des Dichters und Zeichners Roger Loewig, der sowohl eine Serie zur *Verwandlung* und zum *Landarzt* (1965) als auch ein Kafka-Porträt verfertigte, oder das Aquarell Horst Janssens (1993).

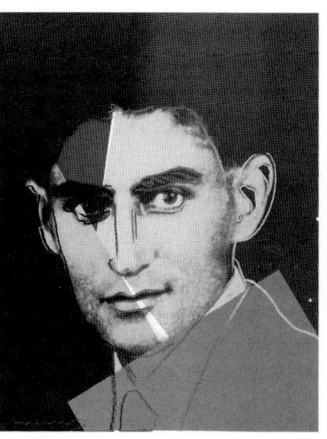

In der Pop-Art: Andy Warhols Kafka in der Reihe *Ten Portraits of Jews of the Twentieth Century*, 1980

Eingang in die Pop-Ikonographie fand Kafka über Andy Warhol, dessen Porträt als Teil der Serie *Ten Portraits of Jews of the Twentieth Century* (1980) einen vielschichtigen, durch Wahrnehmung gebrochenen Kafka zeigt. Auch Warhols Einreihung Kafkas unter reproduzierbare ›Popstars‹ wie Marilyn Monroe oder Mao Tse-Tung zielt auf eine Subversion, wie sie noch weitreichender der anspruchsvolle Kafka-Comic des amerikanisch-jüdischen Künstlers Robert Crumb (*Introducing Kafka*, 1993) leistet. Dieser überträgt Kafkas Leben und Werk in die Ästhetik des amerikanischen Undergroundcomics und changiert dabei zwischen detailreichem Realismus und abgründiger Groteske. Das Kapitel Kafka im Comic war damit erst eröffnet: Crumb folgten etwa der amerikanische Comic-Künstler Peter Kuper, der in *Give it up* (1995) Kurzgeschichten Kafkas illustrierte und 2003 eine graphisch komplexe Adaption der *Verwandlung* vorlegte, oder 2008 *The Trial. A graphic novel* gezeichnet von Chantal Montellier und David Zane Mairowitz (der auch Crumb zur Seite stand).

In der Pop-Kultur: Robert Crumbs Comic *Introducing Kafka*, 1993

Epilog: Unabschließbarkeit der Kafkalogie

Neben der weltweiten literaturgeschichtlichen und künstlerischen Wirkung Kafkas ist nicht zuletzt auch seine wissenschaftliche Erforschung anzusprechen: die Geschichte der
Kafka-Philologie. Dies aber ist in zweifacher Hinsicht eine
unerschöpfliche Aufgabe. Unerschöpflich ist sie einerseits
durch die Eigenheit von Kafkas Texten, die in ihrer fragmentarischen und parabolischen Gestalt zwischen Vieldeutigkeit
und Undeutbarkeit changieren. Unerschöpflich ist sie andererseits durch die Vielzahl der Ansätze, Perspektiven und
Kontexte, die die wissenschaftliche Analyse dieser Texte je leiten. Die Kafkaforschung ist deshalb lange schon Anlass weniger zu Euphorie als vielmehr zu Entmutigung angesichts der
unüberschaubaren Zahl der Promotionen, Tagungen etc.
Wichtig bleibt, die Modellfunktion Kafkas bei der Herausbildung unterschiedlicher Interpretationsansätze zu unterschei-
den (Bogdal 1993). So zeichnet sich die Kafkaforschung bis
um etwa 1980 insbesondere durch theologische, philosophische, marxistische und psychoanalytische Ansätze aus. Zugleich führte – letztlich seit Benjamin – ein methodisches
Unbehagen mit solcher Reduktion von Kafkas Texten zur
Analyse ihrer genuinen erzählerischen und poetologischen
Verfahren. Neue Perspektiven ermöglichte dann der Post-
strukturalismus (seit Deleuze / Guattari 1975, Derrida 1992),
der Kafkas Texte als Einsatz nachmoderner Verweigerung von
Struktur und Sinnstiftung verstand. Darauf bauen noch die
jüngsten Ansätze der Kafkaforschung wie der medientheore-
tische Zugang, der die für Kafka zentrale Frage der Schrift,
der Stimme, des Bildes, des Films etc. in den Blick rückt (Kremer 1989, Kittler 1990, Menke 2000), der postkoloniale Ansatz, der nach den transkulturellen Verflechtungen bei Kafka
fragt (Zilcosky 2004), oder der kulturpoetische Ansatz, der
die Kontextualität von Kafkas Schreiben in den Blick rückt
(Balke / Vogl / Wagner 2008, Kilcher 2008). Freilich gewinnen
auch diese neuen Ansätze ihre Legitimation und Energie aus
dem schier unerschöpflichen Potential, das Kafkas Texte – immer wieder überraschend – enthalten.

Anhang

1911 5. Oktober: Kafka sieht erstmals die ostjüdische Theatertruppe um Jizchak Löwy im ›Café Savoy‹, danach zahlreiche weitere Aufführungsbesuche.

1912 Juni/Juli: Reise mit Max Brod nach Leipzig und Weimar. Begegnung mit den Verlegern Kurt Wolff und Ernst Rowohlt. – August: Kafka lernt bei Max Brod die Prokuristin Felice Bauer aus Berlin kennen. – 22. bis 23. September: In dieser Nacht schreibt Kafka die Erzählung *Das Urteil*, etwa zur selben Zeit beginnt er mit den Arbeiten am *Verschollenen*. – November: Die Erzählung *Die Verwandlung* entsteht.

1913 September: Reise nach Wien zum Internationalen Kongreß für Rettungswesen und Unfallverhütung, dabei auch Besuch des XI. Zionisten-Kongresses.

1914 Ende Mai/Anfang Juni: Reise nach Berlin in Begleitung des Vaters zur Verlobungsfeier mit Felice Bauer. – 12. Juli: Lösung des Verlöbnisses. – In der darauf folgenden Zeit beginnt Kafka mit den Arbeiten zum *Process* und beendet die Arbeiten zum *Verschollenen*; es entsteht auch die Erzählung *In der Strafkolonie*.

1915 Januar: Erstes Wiedersehen mit Felice Bauer. – Im März bewohnt Kafka ein eigenes Zimmer in der Langegasse 18.

1916 Ab November: Kafka nutzt zum Schreiben ein Zimmer in einem von Ottla gemieteten Häuschen in der Prager Alchimistengasse und schreibt die Erzählungen *Ein Landarzt, Auf der Galerie, Ein Brudermord, Das nächste Dorf.*

1917 In der ersten Jahreshälfte entstehen *Schakale und Araber, Der neue Advokat, Ein Bericht für eine Akademie, Die Sorge des Hausvaters, Beim Bau der chinesischen Mauer, Eine kaiserliche Botschaft, Elf Söhne*, Fragmente zu *Jäger Gracchus*. – März bis September: Kafka bewohnt zum ersten Mal eine eigene Wohnung im Schönborn-Palais. – Mai: Kafka beginnt Hebräisch zu lernen. – Anfang Juli: Erneute Verlobung mit Felice Bauer in Prag, sowie gemeinsame Reise zu einer Schwester Felices über Budapest nach Arad. – August: Kafka erleidet einen Lungenblutsturz und lebt wieder bei den Eltern (bis Juli 1920). – September: Es wird Lungentuberkulose diagnostiziert. Zur Erholung fährt Kafka nach Zürau, wo Ottla ein kleines Gut bewirtschaftet; Kafka bleibt dort bis Ende April

1918. – Weihnachten: Kafka und Felice Bauer treffen sich in Prag: endgültige Lösung des Verlöbnisses.

1918 Anfang Januar: Besuch in Zürau mit Oskar Baum. – Ende April: Kafka kehrt nach Prag zurück. – Oktober / November: Kafka erkrankt an Spanischer Grippe. Erholung in Schelesen (Nordböhmen). – Weihnachten in Prag.

1919 Januar bis Ende März: Nach Verschlechterung der Tuberkulose erneut Freistellung und Urlaub in Schelesen, wo er die aus einer tschechisch-jüdischen Handwerkerfamilie stammende Julie Wohryzek kennenlernt. – November: Kafka besucht mit Max Brod zusammen Schelesen und beendet in derselben Zeit seinen *Brief an den Vater.*

1920 April: Nach Wiedereintritt in den Dienst erneute Freistellung bis Ende Juni; Kuraufenthalt in Meran, Beginn des Briefwechsels mit der tschechischen Journalistin Milena Jesenská, die Texte von ihm, zuerst den *Heizer,* ins Tschechische übersetzt. – Juli: Treffen in Wien mit Milena. – Dezember 1920 bis August 1921: Erneuter, achtmonatiger Kuraufenthalt in Matliary in der Hohen Tatra (Slowakei).

1921 Anfang Februar: Kafka lernt Robert Klopstock in Matliary kennen. – August: Wiederaufnahme der Arbeit im Büro für zwei Monate. – Oktober: Übergabe der Tagebücher der Jahre 1910 bis 1920 sowie des Manuskripts des *Verschollenen* an Milena, die inzwischen nach Prag umgezogen ist. Wiederaufnahme der Tagebuchaufzeichnungen. – Ab November: Weitere Beurlaubung vom Dienst.

1922 Januar: Nach langer Schreibpause Beginn der Arbeiten zum *Schloß.* – Ende Januar: Neue Beurlaubung bis Ende April 1922, wegen Arbeitsunfähigkeit weiter verlängert bis Juni, davon im Februar Erholungsaufenthalt in Spindelmühle (Riesengebirge), danach in Prag. – In der ersten Jahreshälfte entstehen die Erzählungen *Ein Hungerkünstler, Erstes Leid, Forschungen eines Hundes.* – 1. Juli: Pensionierung. Erholung in Planá, wo Ottla eine Sommerwohnung hat. – Über den Jahreswechsel: Wieder in Prag angekommen, erkrankt Kafka häufig. Intensiver Hebräischunterricht, er fasst den Plan, nach Palästina zu reisen.

1923 Jahresanfang bis Anfang Mai: Zur Erholung in Dobřichovice. – Juni: Wahrscheinlich letzte Begegnung mit Milena. – Juli / August: Kafka ist mit seiner Schwester Elli und ihren Kindern im Ostseebad Müritz, dort lernt er Dora Diamant kennen. – Mitte August bis September: Kafka hält sich mit Ottla in ihrer Sommerwohnung in Schelesen auf. – 24. September bis 17. März 1924: Kafka in Berlin, lebt gemeinsam mit Dora Diamant. – Ende des Jahres: Kafka schreibt die Erzählungen *Der Bau, Eine kleine Frau.* – Ab November: Besuch der Hochschule für die Wissenschaft des Judentums in Berlin sowie weitere private Hebräischstudien.

1924 Februar: Deutliche Verschlechterung des Gesundheitszustandes; ein neuer Sanatoriumsaufenthalt drängt sich auf. – Ende März: Kafka schreibt seine letzte Erzählung *Josefine, die Sängerin.* – 17. März: Mit Max Brod Rückkehr nach Prag. – 5. April: Im Sanatorium »Wiener Wald« in Niederösterreich, wo die Diagnose Kehlkopftuberkulose gestellt wird, dann in der Universitätsklinik Wien und ab 19. April im »Sanatorium Dr. Hoffmann« in Kierling bei Klosterneuburg. Dort wird er von Dora Diamant und ab 6. Mai von Robert Klopstock gepflegt. – 3. Juni: Franz Kafka stirbt in Kierling. – 11. Juni: Beisetzung auf dem jüdischen Friedhof in Prag-Straschnitz.

Bibliographie

Kafkas Werke

Zitiert wird nach der Kritischen Ausgabe (KA): Schriften, Tagebücher, Briefe. Hrsg. von Jürgen Born / Gerhard Neumann / Malcolm Pasley / Jost Schillemeit, Frankfurt/M.: S. Fischer 1982 ff. Für diese Ausgabe werden im Einzelnen folgende Siglen benutzt:

AS	Amtliche Schriften. Hrsg. von Klaus Hermsdorf / Benno Wagner. Frankfurt/M. 2004.
B I	Briefe 1900-1912. Hrsg. von Hans-Gerd Koch. Frankfurt/M. 1999.
B II	Briefe 1913-1914. Hrsg. von Hans-Gerd Koch. Frankfurt/M. 2001.
B III	Briefe 1914-1917. Hrsg. von Hans-Gerd Koch. Frankfurt/M. 2005.
DL	Drucke zu Lebzeiten. Hrsg. von Wolf Kittler, Hans-Gerd Koch / Gerhard Neumann. Frankfurt/M. 1994-1996.
NSF I	Nachgelassene Schriften und Fragmente. Hrsg. von Malcolm Pasley. Frankfurt/M. 1993.
NSF II	Nachgelassene Schriften und Fragmente Hrsg. von Jost Schillemeit. Frankfurt/M. 1992.
P	Der Proceß. Hrsg. von Malcolm Pasley. Frankfurt/M. 1990.
S	Das Schloß. Hrsg. von Malcolm Pasley. Frankfurt/M. 1982.
T	Tagebücher. Hrsg. von Hans-Gerd Koch / Michael Müller / Malcolm Pasley. Frankfurt/M. 1990.
V	Der Verschollene. Hrsg. von Jost Schillemeit. Frankfurt/M. 1983.

Weitere Quellen mit Siglen

AS 1984	Franz Kafka: Amtliche Schriften. Mit einem Essay von Klaus Hermsdorf. Hrsg. von Klaus Hermsdorf unter Mitwirkung von Winfried Possner und Jaromir Louzil. Berlin 1984.
B	Franz Kafka: Briefe 1902-1924. Hrsg. von Max Brod. Frankfurt/M. 1975.
BKB	Franz Kafka, Max Brod: Eine Freundschaft. Briefwechsel. Hrsg. von Malcolm Pasley. Frankfurt/M. 1989.
BKR	Franz Kafka, Max Brod: Eine Freundschaft. Reiseaufzeichnungen. Hrsg. unter Mitarbeit von Hannelore Rodlauer von Malcolm Pasley. Frankfurt/M. 1989.

E   Franz Kafka: Briefe an die Eltern aus den Jahren 1922-1924. Hrsg. von Josef Čermák und Martin Svatos. Frankfurt/M. 1990.

EK   »Als mir Kafka entgegenkam…«. Erinnerungen an Franz Kafka. Hrsg. von Hans-Gerd Koch. Erweiterte Neuausgabe. Berlin 2005.

FK   Max Brod: Franz Kafka. Eine Biographie. 2. Aufl. New York 1946.

GK   Gustav Janouch: Gespräche mit Kafka. Aufzeichnungen und Erinnerungen. Erweiterte Ausgabe. Frankfurt/M. 1968.

KR   Jürgen Born: Franz Kafka. Kritik und Rezeption. 1924-1938. Frankfurt/M. 1983.

KRL   Jürgen Born: Franz Kafka. Kritik und Rezeption zu seinen Lebzeiten 1912-1924. Frankfurt/M.1979.

M   Franz Kafka: Briefe an Milena. Erweiterte Neuausgabe. Hrsg. von Jürgen Born u. Michael Müller. Frankfurt/M. 1986.

O   Franz Kafka: Briefe an Ottla und die Familie. Hrsg. von Hartmut Binder und Klaus Wagenbach. Frankfurt/M. 1974.

PK   Max Brod: Der Prager Kreis. Frankfurt/M. 1979.

SL   Max Brod: Streitbares Leben. Autobiographie 1884-1968. Neuaufl. Frankfurt/M. 1979.

Arbeiten zu Franz Kafka

Die folgenden Untersuchungen können für eine weiterführende Beschäftigung mit Kafka und seinem Werk hilfreich sein. Die reiche Forschungsliteratur – insbesondere zu einzelnen Texten und Aspekten von Kafkas Werk – ist damit nicht annähernd erschöpft. Empfohlen sei damit einzig eine repräsentative Auswahl aus der jüngeren Forschung.

Allemann, Beda: *Zeit und Geschichte im Werk Kafkas.* Göttingen 1998.

Alt, Peter-André: *Franz Kafka. Der ewige Sohn. Eine Biographie.* München 2005.

Anz, Thomas: *Franz Kafka.* München 1989.

Arnold, Heinz Ludwig (Hrsg.): *Franz Kafka.* 2., gründlich überarb. Aufl. München 2006.

Baioni, Giuliano: *Kafka. Literatur und Judentum.* Aus dem Ital. von Gertrud und Josef Billen. Stuttgart / Weimar 1994.

Balke, Friedrich / Vogl, Joseph / Wagner, Benno (Hrsg.): *Für alle und keinen. Lektüre, Schrift und Leben bei Nietzsche und Kafka.* Berlin 2008.

Baum, Alwin L.: *Parable as Paradox in Kafka's Erzählungen.* In: Modern Language Notes 91 (1976), S. 1327-1347.

Bay, Hansjörg u. a. (Hrsg.): *Odradeks Lachen. Fremdheit bei Kafka.* Freiburg i. Br. / Berlin 2006.

Binder, Hartmut: *Kafkas Welt. Eine Lebenschronik in Bildern.* Reinbek bei Hamburg. 2008.

Binder, Hartmut: *Kafkas »Verwandlung«. Entstehung, Deutung, Wirkung.* Frankfurt/M./Basel 2004.

Binder, Hartmut (Hrsg.): *Kafka-Handbuch in zwei Bänden.* Stuttgart 1979.

Binder, Hartmut: *Kafka in neuer Sicht. Mimik, Gestik und Personengefüge als Darstellungsformen des Autobiographischen.* Stuttgart 1976.

Binder, Hartmut: *Kafka-Kommentar zu den Romanen, Rezensionen, Aphorismen und zum Brief an den Vater.* München 1976.

Binder, Hartmut: *Kafka-Kommentar zu sämtlichen Erzählungen.* München 1975.

Binder, Hartmut: *Franz Kafka und die Wochenschrift ›Selbstwehr‹.* In: Deutsche Vierteljahrsschrift für Literaturwissenschaft und Geistesgeschichte 41 / 2 (1967), S. 283-304.

Bloom, Harold: *Kafka, Freud, Scholem. 3 Essays.* Aus d. amerikan. Engl. von Angelika Schweikhart. Basel u. a. 1990.

Born, Jürgen: *Kafkas Bibliothek. Ein beschreibendes Verzeichnis.* Mit einem Index aller in Kafkas Schriften erwähnten Bücher, Zeitschriften und Zeitschriftenbeiträge. Frankfurt/M. 1990.

Corngold, Stanley: *Franz Kafka. The necessity of form.* Ithaca, N.Y. u. a. 1988.

Corngold, Stanley: *Kafka and the Dialect of Minor Literature.* In: Prendergast, Christopher (Hrsg.), Debating World Literature. London 2004, S. 272-290.

Deleuze, Gilles / Guattari, Félix: *Kafka. Für eine kleine Literatur.* Frankfurt/M. 1976.

Dietz, Ludwig: *Franz Kafka. Die Veröffentlichungen zu seinen Lebzeiten (1908-1924).* Eine textkritische und kommentierte Bibliographie. Heidelberg 1982.

Engel, Manfred (Hrsg.): *Franz Kafka und die Weltliteratur.* Göttingen 2006.

Fingerhut, Karlheinz: *»Manchmal nur, in dunklen Zeiten«. Heine, Kafka, Celan. Schreibweisen jüdischer Selbstreflexion.* In: Heine-Jahrbuch 41 (2002), S. 106-129.

Gelber, Mark H. (Hrsg.): *Kafka, Zionism and Beyond.* Tübingen 2004.

Gilman, Sander L.: *Franz Kafka, the Jewish Patient.* New York 1995.

Grözinger, Karl Erich / Mosès, Stéphane / Zimmermann, Hans Dieter (Hrsg.): *Kafka und das Judentum.* Frankfurt/M. 1987.

Grözinger, Karl Erich: *Kafka und die Kabbala. Das Jüdische in Werk und Denken von Franz Kafka.* Frankfurt/M. 1992.

Haring, Ekkehard W.: *Auf dieses Messers Schneide leben wir ... Das Spätwerk Franz Kafkas im Kontext jüdischen Schreibens.* Wien 2004.

Hermes, Roger u. a. (Hrsg.): *Franz Kafka. Eine Chronik.* Berlin 1999.

Hiebel, Hans Helmut: *Die Zeichen des Gesetzes. Recht und Macht bei Franz Kafka.* München 1983.

Höfle, Peter: *Von der Unfähigkeit, historisch zu werden. Die Form der Erzählung und Kafkas Erzählform.* München 1998.

Höcker, Arne (Hrsg.): *Kafkas Institutionen.* Bielefeld 2007.

Jagow, Bettina von / Jahraus, Oliver (Hrsg.): *Kafka-Handbuch. Leben – Werk – Wirkung.* Göttingen 2008.

Jahraus, Oliver: *Kafka. Leben, Schreiben, Machtapparate.* Stuttgart 2006.

Kaus, Rainer J.: *Kafka und Freud. Schuld in den Augen des Dichters und des Analytikers.* Heidelberg 2000.

Kaus, Rainer J.: *Literaturpsychologie und literarische Hermeneutik. Sigmund Freud und Franz Kafka.* Frankfurt/M. u. a. 2004.

Kilcher, Andreas B.: *Dispositive des Vergessens bei Kafka.* In: Noor, Ashraf (Hrsg.), Erfahrung und Zäsur. Denkfiguren der deutsch-jüdischen Moderne. Freiburg / Br. 1999, S. 213-252.

Kilcher, Andreas B.: *Kafka, Scholem und die Politik der jüdischen Sprachen.* In: Miething, Christoph (Hrsg.), Politik und Religion im Judentum. Tübingen 1999, S. 79-115.

Kilcher, Andreas B.: *Kafka und das Judentum.* In: Jagow, Bettina von / Jahraus, Oliver (Hrsg.), Kafka-Handbuch. Leben – Werk – Wirkung. Göttingen 2008, S. 194-211.

Kilcher, Andreas B.: *Das Theater der Assimilation. Kafka und der jüdische Nietzscheanismus.* In: Balke, Friedrich / Vogl, Joseph / Wagner, Benno (Hrsg.): Für alle und keinen. Lektüre, Schrift und Leben bei Nietzsche und Kafka. Berlin 2008.

Kittler, Wolf u. a. (Hrsg.): *Franz Kafka. Schriftverkehr.* Freiburg / Br. 1990.

Koch, Hans-Gerd / Wagenbach, Klaus (Hrsg.): *Kafkas Fabriken. Zur Ausstellung »Kafkas Fabriken« im Schiller-Nationalmuseum vom*

23. November 2002 bis 16. Februar 2003. 2., durchges. Aufl. Marbach/N. 2003.

Koch, Hans-Gerd: *Kafka in Berlin.* Berlin 2008.

Kremer, Detlef: *Kafka. Die Erotik des Schreibens. Schreiben als Lebensentzug.* Frankfurt/M. 1989.

Krolop, Kurt / Zimmermann, Hans Dieter (Hrsg.): *Kafka und Prag. Colloquium im Goethe-Institut Prag 24.-27. November 1992.* Berlin / New York 1994.

Kurz, Gerhard (Hrsg.): *Der junge Kafka.* Frankfurt/M. 1984.

Liebrand, Claudia (Hrsg.): *Franz Kafka. Neue Wege der Forschung.* Darmstadt 2006.

Liebrand, Claudia (Hrsg.): *Textverkehr. Kafka und die Tradition.* Würzburg 2004.

Locher, Elmar (Hrsg.): *Franz Kafka. Ein Landarzt. Interpretationen.* Bozen 2004.

Massino, Guido: *Franz Kafka, Jizchak Löwy und das jiddische Theater. »Dieses nicht niederzudrückende Feuer des Löwy«.* Aus dem Italien. von Norbert Bickert. Frankfurt/M. 2007.

Menke, Bettine: *Prosopopoiia. Stimme und Text bei Brentano, Hoffmann, Kleist und Kafka.* München 2000.

Müller, Michael (Hrsg.): *Franz Kafka. Romane und Erzählungen.* 2. Aufl. Stuttgart 2003.

Murray, Nicholas: *Kafka und die Frauen.* Aus dem Engl. übers. von Angelika Beck. Darmstadt 2007.

Nekula, Marek: *Franz Kafkas Sprachen. »… in einem Stockwerk des innern babylonischen Turmes …«.* Tübingen 2003.

Nekula, Marek (Hrsg.): *Franz Kafka im sprachnationalen Kontext seiner Zeit. Sprache und nationale Identität in öffentlichen Institutionen der böhmischen Länder.* Köln / Weimar / Wien 2007.

Neumann, Gerhard: *Franz Kafka: »Das Urteil«. Text, Materialien, Kommentar.* München 1981.

Neumann, Gerhard: *Umkehrung und Ablenkung. Franz Kafkas »Gleitendes Paradox«.* In: Deutsche Vierteljahrsschrift für Literaturwissenschaft und Geistesgeschichte 42 (1968), S. 702-744.

Pasley, Malcolm: *»Die Schrift ist unveränderlich …«. Essays zu Kafka.* Frankfurt/M. 1995.

Pasley, Malcolm: *Der Proceß. Die Handschrift redet.* Marbach/N. 1990 [=Marbacher Magazin].

Rehberg, Peter: *Lachen lesen. Zur Komik der Moderne bei Kafka.* Bielefeld 2007.

Robertson, Ritchie: *Kafka. Judentum Gesellschaft Literatur.* Aus dem Engl. v. Josef Billen. Stuttgart 1988.

Rohde, Bertram: *»und blätterte ein wenig in der Bibel«. Studien zu Franz Kafkas Bibellektüre und ihren Auswirkungen auf sein Werk.* Würzburg 2002.

Sareika, Rüdiger (Hrsg.): *»Erst im Chor mag eine gewisse Wahrheit liegen …«. Zur Konstruktion von Vielfalt und Fremde im Werk von Franz Kafka.* Iserlohn 2003.

Scherpe, Klaus R. / Wagner, Elisabeth (Hrsg.): *Kontinent Kafka. Mosse-Lectures an der Humboldt-Universität zu Berlin.* Berlin 2006.

Schillemeit, Jost: *Kafka-Studien.* Hrsg. von Rosemarie Schillemeit. Göttingen 2004.

Schirrmacher, Frank (Hrsg.): *Verteidigung der Schrift. Kafkas Prozeß.* Frankfurt/M. 1987.

Schmidt-Dengler, Wendelin (Hrsg.): *Was bleibt von Franz Kafka. Positionsbestimmung.* Kafka-Symposion. Wien 1983.

Schütterle, Annette: *Franz Kafkas Oktavhefte. Ein Schreibprozeß als »System des Teilbaues«.* Freiburg / Br. 2002.

Sokel, Walter H.: *The Myth of Power and the Self. Essays on Franz Kafka.* Detroit 2002.

Stach, Reiner: *Kafka. Die Jahre der Entscheidungen.* Frankfurt/M. 2002.

Stach, Reiner: *Kafka. Die Jahre der Erkenntnis.* Frankfurt/M. 2008.

Stölzl, Christoph: *Kafkas böses Böhmen. Zur Sozialgeschichte eines Prager Juden.* München 1975.

Theisohn, Philipp: *Erde / Papier. Kafka, Literatur und Landnahme.* In: Greiner, Bernhard (Hrsg.), Placeless Topographies. Jewish perspectives on the Literature of Exile. Tübingen 2003, S. 61-87.

Vogl, Joseph: *Vierte Person. Kafkas Erzählstimme.* In: Deutsche Vierteljahrsschrift für Literaturwissenschaft und Geistesgeschichte 68 (1994), S. 745-756.

Vogl, Joseph: *Ort der Gewalt. Kafkas literarische Ethik.* München 1990.

Wagenbach, Klaus: *Franz Kafka. Bilder aus seinem Leben.* 2. erw. Aufl. Berlin 1994.

Wagenbach, Klaus: *Franz Kafka. Biographie seiner Jugend 1883-1912.* 2. erw. Aufl. Berlin 2006.

Wagner, Benno: *Die Majuskel-Schrift unseres Erden-Daseins. Kafkas Kulturversicherung.* In: Hofmannsthal-Jahrbuch 12 (2004), S. 327-363.

Wetscherek, Hugo (Hrsg.): *Kafkas letzter Freund. Der Nachlaß Robert Klopstock (1899-1972).* Mit kommentierter Erstveröffentlichung von 38 teils ungedruckten Briefen Franz Kafkas. Bearb. von Christopher Frey. Mit Beitr. von Leonhard M. Fiedler und Leo A. Lensing. Wien 2003.

Zilcosky, John: *Wildes Reisen. Kolonialer Sadismus und Masochismus in Kafkas »Strafkolonie«.* In: Weimarer Beiträge 50 (2004), S. 33-54.

Zimmermann, Hans Dieter: *Kafka für Fortgeschrittene.* München 2004.

Zimmermann, Hans Dieter (Hrsg.): *Nach erneuter Lektüre: Franz Kafkas Der Proceß.* Würzburg 1992.

Zischler, Hanns: *Kafka geht ins Kino.* Reinbek bei Hamburg 1996.

Weitere zitierte Literatur

Adorno, Theodor W.: *Aufzeichnungen zu Kafka.* In: Ders., Prismen. Kulturkritik und Gesellschaft. Frankfurt/M. 1955, S. 302-342.

Anders, Günther: *Kafka pro und contra. Die Prozeß-Unterlagen.* München 1947.

Arendt, Hannah: *Franz Kafka.* In: Dies., Sechs Essays. Heidelberg 1948, S. 128-149.

Auden, W. H.: *The Wandering Jew.* In: The New Republic 10.2 (1941), S. 185 f.

Baum, Oskar: *Der Kulturwert des Hebräischen für den modernen Juden.* In: Selbstwehr 20 (1921), S. 1-2.

Behn, Manfred: *Auf dem Weg zum Leser. Kafka in der DDR.* In: Text und Kritik. Sonderband 1994, S. 317-332.

Benjamin über Kafka. Hrsg. von Hermann Schweppenhäuser. Frankfurt/M. 1981.

Bogdal, Klaus-Michael (Hrsg.): *Neue Literaturtheorien in der Praxis. Textanalysen zu Kafkas »Vor dem Gesetz«.* Opladen 1993. 2. Aufl. Göttingen 2005.

Breton, André: *Franz Kafka.* In: Anthologie de l'humeur noir. Paris 1966, S. 311-324.

Brod, Max: *Das Schloß. Nach Franz Kafkas gleichnamigem Roman.* Frankfurt/M. 1964.

Camus, Albert: *Die Hoffnung und das Absurde im Werk von Franz Kafka.* In: Ders., Der Mythos des Sisyphos. Deutsch von Vincent von Wroblewsky. Reinbek bei Hamburg 2000, S. 164-180.

Canetti, Elias: *Der andere Prozeß. Kafkas Briefe an Felice.* München 1969.

Crumb, Robert / Mairowitz, David Zane: *Kafka for Beginners.* Cambridge 1993.

Derrida, Jacques: *Préjugés. Vor dem Gesetz.* Aus dem Franz. von Detlef Otto und Axel Witte. Wien 1992.

Freud, Sigmund: *Vorlesungen zur Einführung in die Psychoanalyse.* Studienausgabe, Bd. 1 (6., korrigierte Aufl.). Frankfurt / M 1969.

Fronius, Hans: *Hans Fronius zu Franz Kafka.* Bildwerke von 1926 bis 1988. Marburg 1997.

Gide, André: *Tagebuch 1939-1949.* Gesammelte Werke. Hrsg. von Hans Hinterhäuser Bd. 4, Stuttgart 1990

Haas, Willy: *Die literarische Welt. Erinnerungen.* München 1957.

Handke, Peter: *Zu Franz Kafka.* In: Ders., Das Ende des Flanierens. Frankfurt/M. 1980, S. 153 f.

Herzl, Theodor: *Die Juden Prags zwischen den Nationen.* In: Das jüdische Prag. Prag 1917, S. 7.

Holitscher, Arthur: *Amerika heute und morgen.* Berlin 1912.

Kafka in der zeitgenössischen Kunst: Katalog zur gleichnamigen Wanderausstellung 2006. Hrsg. von der Deutschen Kafka-Gesellschaft e.V. Mithrsg. des Katalogs: Nadine A. Chmura. Bonn 2007.

Klug-Kirschstein, Anne (Hrsg.): *Kunst zu Kafka. Ausstellung zum 50. Todestag.* Bonn 1974.

Lukács, Georg: *Wider den mißverstandenen Realismus.* Hamburg 1958.

Mehring, Walter: *Die verlorene Bibliothek. Autobiographie einer Kultur.* Reinbek bei Hamburg 1952.

Robert, Marthe: *Kafka in Frankreich.* In: Akzente 13 (1966), S. 310-320.

Scholem, Gershom: *Briefe. Band 1, 1914-1947.* Hrsg. v. Itta Shedletzky. München 1994.

Scholem, Gershom: *Zehn unhistorische Sätze über Kabbala.* In: Ders., Judaica 3. Frankfurt/M. 1970, S. 264-271.

Scholem, Gershom: *Zur Kabbala und ihrer Symbolik.* Zürich 1960.

Schmidt, Pavel: *f. k.* Frankfurt/M. 2006.

Susman, Margarete: *Das Hiob-Problem bei Franz Kafka.* In: Der Morgen 1 (1929), S. 31-49.

Tramer, Hans: *Die Dreivölkerstadt Prag.* In: Tramer, Hans / Loewenstein, Kurt (Hrsg.): Robert Weltsch zum 70. Geburtstag. Tel-Aviv 1961, S. 138-203.

Wilson, Edmund: *A Dissenting Opinion on Kafka.* In: New Yorker, 26. Juli 1947, S. 58-64.

Personenregister

155

Werkregister

Bildnachweis

Suhrkamp BasisBiographien

Ein spannendes Leben, ein beeindruckendes Werk, eine bleibende Wirkung – die Suhrkamp BasisBiographien erzählen von Leben, Werk und Wirkung der großen Persönlichkeiten der Weltgeschichte.

Andy Warhol Von Annette Spohn. Mit farbigen Abbildungen
sb 27. 160 Seiten. ISBN 3-518-18227-7

Ludwig Wittgenstein Von Joachim Schulte. sb 9. 160 Seiten
ISBN 3-518-18209-9

Christa Wolf Von Sonja Hilzinger. sb 24. 160 Seiten
ISBN 978-3-518-18224-6